JN436775

개신교의 선구자들

김 명 수

The Forerunners of the Protestant

by Kim Myung-Soo

개신교의 선구자들

2021년 1월 10일 초판 1쇄 인쇄
2021년 1월 15일 초판 1쇄 발행

저 자 • 김 명 수
교 정 • 오 선 경
발행인 • 조 경 혜
발행처 • 도서출판 그리심
07030 서울시 동작구 사당로2길 72 인정 B동 b-01
등록번호 • 제 7-258호(1998. 4. 23)
출 판 사 • 전화 523-7589 팩스 523-7590
홈페이지 • http://grisim.biz
전자우편 • grisimcho@hanmail.net

값 : 책 뒷면에

ISBN 978-89-5799-449-8 (93230)

하나님 구속 역사는

거룩한 남은 자의 역사이다.

하나님께서 주권적으로 택하여 남긴 자들이

역사의 불꽃을 피워왔다.

차 례

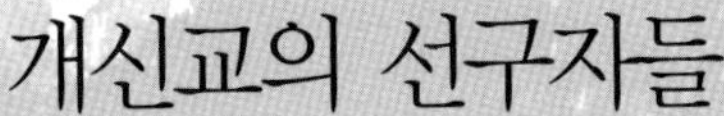

개신교의 선구자들

Ⅰ. 저자 서문

하나님 구속 역사는 거룩한 남은 자의 역사이다. 하나님께서 주권적으로 택하여 남긴 자들이 역사의 불꽃을 피워왔다. 창세기의 노아도 거룩한 남은 자였다. 하나님은 그 시대를 역류하며 경건한 믿음의 삶을 살았던 노아를 택하여 방주를 만들게 하셨고 그를 통해서 인류의 역사가 계승되게 하셨다. 아브라함도 그 시대의 거룩한 남은 자였다. 하나님은 아브라함을 통해 새로운 믿음의 계보를 이루어 오셨다. 북 이스라엘이 심각한 우상 숭배의 죄악으로 빠져들었을 때, 하나님은 거룩한 남은 자들을 두셨다. 그중에 대표적인 인물이 선지자 엘리야와 그의 제자 엘리사였다. 남 유다가 하나님께 범죄하고 바벨론에 포로로 끌려가 비참한 노예 생활을 했지만 하나님께서 그 가운데서도 거룩한 남은 자들을 남겨두셨다. 그들이 다시금 본토 예루살렘으로 돌아와 성전을 재건했다. 예수님 당시에도 열 두 제자는 그 시대의 거룩한 남은 자들이었다. 예수님은 유식하다고 자부했던 바리새인들이나 종교지도자들을 택하지 아니하셨고, 비교적 때가 덜 묻은 갈릴리 청년들을 택하여 교육하고 훈련함으로 새로운 인류의 스승으로 세우셨다.

예수님의 십자가 죽음과 부활, 그리고 성령의 강림하심으로 인해 교회가 탄생했다. 초대교회는 참으로 아름답고 감동적이었다. 진실한 사랑이 있었고 아름다운 교제와 사귐이 있었다. 교회 성도들이 한마음과 한뜻이 되어 모든 물건을 서로 통용하며 자기 재물을 조금이라도 자기 것이라고 주장하는 이가 없을 정도였다. 날마다 마음을 같이하여 성전에 모이기를 힘쓰고 집에서 기쁨과 순전한 마음으로 식사교제를 같이 하며 하나님을 찬미하는 삶을 살았다. 천국 삶의 모형이었다. 이런 삶을 살고 있는 신자들을 보고 온 백성이 칭송했다. 그야말로 세상에 좋은 영향력을 발하는 삶을 살았다.

그런데 교회는 세월이 흐를수록 그 순수성과 경건성을 상실해갔다. 특히 제국의 수도에 있던 로마 교회의 주교가 세속 권력을 탐하면서 변질되고 타락해 갔다. 로마 교회가 사도 베드로의 수석 사도권을 계승한 자라는 이상한 주장을 하면서 괴물 같은 교황제가 생겨났다. 전혀 성경적인 기반도 없는, 이 교황제는 예수 그리스도의 교회를 완전히 이상한 잡교로 변질시켜 놓았다. 영국의 청교도 신학자 윌리엄 퍼킨스는 유대교와 우상종교를 뒤섞어 놓은 것이 가톨릭교회라고 했다.

가톨릭교회 정치 체계가 등장함으로 인해서 성경적 교회의 참모습은 사라지게 되었고 비성경적인 우상 종교가 참 교회를 대체하게 되었다. 중세 천 년은 가톨릭의 잘못된 교회 정치와 교황제의 폐단으로 인해서 교회 본연의 모습이 사라지게 되었다. 중세는 그야말로 영적인 암흑기였다. 성경의 왜곡으로 인해서 기독교는 한없이 변질되었고, 거짓 교리와 거짓 가르침에 노예 된 비참한 상태로 전락했다.

칠흑같이 어두웠던 중세 시대에도 하나님께서 남기신 거룩한 남은 자들이 있었다. 중세의 영적 어둠을 밝힌 종교 운동이 있었는데 발도파 운동이었다. 발도파는 프랑스 리옹에서 시작되었고 원시 기독교의 신앙 형태를 추구했다. 이들은 성경을 사랑했고 성경의 가르침을 그대로 믿고 순종하며 실천했다. 이들은 성경적 기독교의 모습을 회복하고자 힘썼다. 발도파 운동의 위대성은 그들이 무서운 핍박과 불시험 가운데서도 초대 원시 기독교의 모습을 재현하고자 고군분투한 데에 있다. 발도파는 16세기 종교개혁에 여명(黎明)의 빛을 발했다.

한편 영국에서도 중세의 영적 암흑을 온몸으로 뿌리치며 바른 믿음의 길을 가고자 힘썼던 인물이 있었다. 그 사람은 바로 존 위클리프였다. 위클리프도 비성경적인 교황제를 비판하며 화체설의 미신을 과감하게 공격했다. 위클리프도 로마 교황청과 대결하며 헤아릴 수 없는 많은 위협과 고난을 감수해야 했다. 하지만 하나님께서 예비하신 믿음의 동역자들의 보호와 도움의 손길을 덧입고 화형을 당하지 않았다. 하지만, 그의 사후(死後)에 사악한 로마 교황청은 위클리프의 무덤을 파헤쳤고, 유골을 불살라 재로 만들어 강에 뿌리며 복수했다. 하지만 위클리프의 가르침은 살아있었고, 지속적인 영향력을 발휘했다. 로마 가톨릭교회는 그를 침묵하게 할 수 없었다.

그리고 대륙의 체코에서도 거룩한 믿음의 사람이 있었다. 그는 존 후스였다. 그는 영국의 종교개혁자 위클리프의 사상적 제자였다. 위클리프의 신학과 개혁 사상으로 무장한 존 후스도 타락하고 변질된 로마 가톨릭 체제에 대항하며 순수 복음을 회복하고 체코 교회를 바른 성경적 가르침 위에 세우고자 힘썼던 인물이다. 존 후스의 후예들이 나중에 독일의 백작 진젠도르프를 만나게 되고 모라비안 공동체를 형성하게 된다. 그 모라비안 공동체가 근대 세계선교의 포문을 열게 되었다. 모라비안 선교회의 위대한 헌신과 활약 소식을 듣고, 영국의 윌리엄 캐리가 인도 선교에 헌신하게 된다.

모라비안 선교회와 윌리엄 캐리의 헌신적이고 감동적인 해외 선교의 활약상과 영향으로 런던 선교회가 탄생하게 되었다. 그 런던 선교회에서 토마스 선교사가 중국 선교사로 파송되었다. 토마스 선교사가 미국의 상선 제너럴셔먼호를 타고 대동강을 거슬러 평양까지 왔다가 그곳에서 몇 사람에게 성경을 전달하고 조선 군인의 칼에 맞아 피 흘리며 순교를 당했다. 토마스 선교사의 순교의 피는 결코 헛되지 않았다. 그가 전해준 성경을 읽고 몇몇 사람이 예수님을 믿고 기독교인이 되었다. 토마스 선교사의 순교 소식을 듣고 만주에서 활동하고 있던 영국 스코틀랜드 출신 존 로스 선교사와 존 매킨타이어 선교사가 조선 선교에 깊은 관심을 갖고 홍삼을 팔러 만주에 건너온 조선 청년들을 만나서 그들과 함께 한문으로 된 신천성경(神天聖經)을 한글로 번역하여 출판했다. 이 한글 성경이 조선 청년들에 의해서 조선 땅으로 반입되었고, 조선 복음화에 크나큰 기여를 했다.

프랑스인 발도와 영국인 존 위클리프와 체코인 존 후스는 중세 시대에 거룩한 남은 자들이었다. 그들의 삶과 가르침과 활동은 종교개혁의 서막을 여는 고귀한 사역이었다. 많은 학자들이 이분들을 종교개혁의 새벽별이요, 종교개혁의 선구자들이라고 일컫고 있다.

그리고 종교개혁을 논하면서 빠뜨릴 수 없는 또 한 사람이 있다. 그 사람은 제럴드 그루터이다. 그의 제자 공동체가 공동생활 형제단이다. 공동생활 형제단은 네덜란드 데벤터에서 시작되어 14-15세기 유럽의 교육 혁명을 이루었다. 공동생활 형제단은 실천적 경건 운동을 주창하며 부패한 가톨릭교회를 개혁하며 교회와 수도원의 정화 운동을 펼쳤고, 성경 필사를 통해서 복음 전파에 귀하게 쓰임 받았다. 공동생활 형제단 운동을 통해 많은 인문주의 학자들, 신학자들과 사상가들이 배출되었다. 유명한 기독교 고전 『그리스도를 본받아』를 집필한 토마스 아 켐피스와 만대에 가장 위대한 인문주의 학자로 명성을 날린 에라스무스가 공동생활 형제단 출신이다.

에라스무스는 타락한 로마교회를 비판하고 질책하는 지성적 나팔을 불어 유럽의 지성인들이 교회 개혁에 깊은 문제의식을 갖게 했다. 그러한 선구자들이 있었기에 마틴 루터와 쯔빙글리와 존 칼빈과 같은 위대한 종교개혁자들이 출현할 수 있었다. 필자는 16세기 거물급 종교개혁자들 앞서서 로마가톨릭의 부당성을 고발하며, 거대한 악에 온몸으로 맞서 거룩한 땀과 피를 쏟으며 개신교의 물길을 열어간 선구자들의 발자취를 추적해보고자 한다.

그리하여 이 책의 제목을 『개신교의 선구자들』이라고 했다.

이 책은 교수 생활을 마무리하면서 마지막으로 집필하는 책이 될 것 같다. 한없이 부족한 자를 구원해 주신 것만 해도 천천의 은혜인데, 신학교 교수 사역자로 쓰임 받게 하신 하나님 아버지께 감사와 찬양을 올려드립니다. 저를 위해서 기도해주시는 문화교회 성도님들, 학교의 제자들, 저를 기억하고 좋게 평가해주시는 선 · 후배 목회자님들께 감사를 드린다. 그리고 나의 가족들에게도 감사를 드린다.

Ⅱ

발도파 운동

1. 피터 발도와 추종자들
2. 방해 세력들
3. 발도파의 확산과 탄압
4. 발도파들의 거룩한 열정
5. 발도파의 가르침
6. 종교개혁자들의 지지와 도움
7. 메린돌의 대학살
8. 피에몬트의 학살 사건
9. 낭트 칙령의 취소와 영광스런 귀환
10. 프랑스 혁명 후의 종교의 자유
11. 발도파들의 현재 상황
12. 개신교에 의한 평가와 활약상
13. 발도파에 대한 총평

II. 발도파 운동

발도파 신앙 운동은 영웅적으로 핍박을 견디어 낸 가장 존경할만한 역사의 이야기이다.[1] 발도파 운동은 제도권 교회 밖에서 일어나 신선한 평신도 운동이었다.[2] 발도파는 노련하게 지혜롭게 다루었다면 결코 교회에서 분리되지 않았을 건전한 신앙 운동이었다. 발도파는 중세 시대에 시작되어 오늘날까지 남아 있는 유일한 중세 시대의 종파이다.[3] 발도파는 원시 기독교의 신앙 형태를 회복하고자 노력했던 신앙 운동이라고 할 수 있다. 그들은 정통 기독교의 노선을 따라 선구자의 길을 갔지만, 이단으로 몰려서 말할 수 없는 박해와 핍박을 당했다. 그들은 성경의 바른 가르침을 좇아 바른 믿음의 삶을 살고자 힘썼기에 거짓된 교리와 우상 숭배의 혼합물이 뒤섞여 있는 로마 가톨릭교회와 충돌할 수밖에 없었다.[4]

발도파는 사도들이 이끌었던 초대교회와 같이 주님의 말씀에 단순히 순종하며 소박한 신앙생활을 지향했던 사람들이었다. 그들은 성경의 가르침을 가감하지 않았고, 그 말씀에 순종하여 살고자 최선을 다한 사람들이었다. 성경의 왜곡과 거짓되고 변질된 가르침과 교회 전통을 좇아 사는 것이 신앙생활인 줄 착각하고 살던 시대에, 어둠을 밝히는 등불처럼 시대

---

1) Williston Walker, *A History of The Christian Church* (New York, Charles Scribner's Sons, 1918), 253.

2) 최덕성, 『종교개혁전야』 (서울: 본문과 현장사이, 2003), 63-65.

3) Williston Walker, *A History of The Christian Church* (New York, Charles Scribner's Sons, 1918), 251-253.

4) 최덕성, 『종교개혁전야』 (서울: 본문과 현장사이, 2003), 63-65.

를 앞서가며, 의롭고 바른 신앙생활을 추구했던 무리가 바로 발도파였다.[5)]

발도파는 종교개혁 이전의 개신교도들이었다. 발도파는 리옹의 가난한 사람들로 불리기도 했다. 이들은 사도적 청빈을 앞세우며, 신약성경의 가르침을 문자 그대로 순종하며 실천하고자 했던 거룩한 신앙의 무리였다.[6)] 이들은 가톨릭 당국에 의해 이단자로 몰려서 말로 다할 수 없는 핍박을 받았지만, 이들은 중세시대 개신교의 물길을 열어갔던 진정한 기독교도들이었다. 마틴 루터에 의해서 종교개혁의 불길이 타올랐을 때, 이들은 종교개혁을 쌍수로 환영했고 적극적인 지지를 했다. 칼빈의 수제자였던 데오도르 베자(Theodore Beza, 1519-1605)와 쯔빙글리의 수제자였던 헨리 불링거(Henry Bullinger, 1504-1575)도 이들과 교제하며 피차 영향을 주고받았다. 특히 베자는 적극적으로 발도파들을 변호해 주었다. "발도파들은 우리 칼빈주의자들과 같은 노선을 추구하고 있다."며 대적자들의 입을 봉쇄했다.[7)]

발도파들은 프랑스 남부 알비 지역에 널리 퍼져있었으며, 그 지역에서 왕성하게 활동했던 알비파(Albigenses) 이단들과는 구별된 삶을 살았다. 알비파는 카타리(Cathari)파라고도 불렸다. 알비파 이단은 한때 성 어거스틴이 빠졌던 마니교 이단의 변종이라고 할 수 있다. 알비파는 왕성하게 번져갔는데, 이탈리아 플로렌스 지방 인구의 3분의 1이 알비파로 활동할 정도였다. 그들 중에 자체 교황도 있었고, 주교도 있었다. 그들은 구약성경

---

5) Philip Schaff, *History of the Christian Church*, vol. 5. (Peabody: Hendrickson Publishers, 2011),493.

6) Williston Walker, *A History of The Christian Church* (New York, Charles Scribner's Sons, 1918), 251.

7) W https://en.wikipedia.org/wiki/Waldensians

을 부정했고, 신약성경만 인정했고, 특히 요한복음을 중시했다. 또 그자들은 본인들의 가르침대로 살지 않으면 사람이 죽어서 동물로 태어난다고 주장했다. 뿐만 아니라, 이들은 결혼을 죄악시했으며, 고기나 우유, 계란을 먹지 못하게 했고, 엄격한 금욕을 강조했다. 그들의 신학은 혼합주의, 범신론, 윤회설이 뒤섞여 있는 참으로 난해한 이단세력이었다. 알비파 이단에 비해서 발도파는 작은 집단에 불과했다. 발도파가 알비파와 거의 비슷한 시기에 활동을 했기 때문에 알비파와 같은 류(類)의 이단으로 몰려서 극심한 박해를 받았다. 그러나 발도파는 결코 이단이 아니었다. 그들은 종교개혁자들 앞서서 성경의 가르침대로 바른 믿음의 삶을 살고자 거룩한 믿음의 싸움을 싸우며 신앙의 지조와 절개를 지켜왔던 개신교의 선구자들이었다.

발도파들은 프랑스에서 시작하여 이탈리아 북부 피에몬트 지방으로 퍼져나갔다. 오스트리아와 독일까지도 들어가서 성경적 바른 신앙생활을 소개했다. 발도파는 오늘날까지도 이탈리아와 스위스 산악 지대에 존속하고 있다. 후스파와 보헤미아 형제회와도 긴밀한 관계를 맺어왔다.[8]

1. 피터 발도와 추종자들

중세의 부패한 교회를 개혁하고자 분연히 일어섰던 인물이 프랑스 출신의 피터 발도(Peter Waldo, 1140-1217)였다. 발도가 살았을 당시 유럽 사회는 빈곤의 시대였다. 봉건제도는 가난한 사람들을 더욱 가난하게 했다. 십자군 전쟁 이후 유럽의 도시국가들이 급속하게 발달했다. 십자군 전쟁의 여파로 도시간의 새로운 교역과 화폐 경제의 발달은 상공업의 부흥을 이

---

8) Philip Schaff, *History of the Christian Church*, vol. 5. (Peabody: Hendrickson Publishers, 2011),493.

루었고, 이로 인해 빈부의 격차가 생겨나고 사회적 문제로 발전하게 되었다. 권세자들은 부와 권력에 집착했고, 사회의 윤리와 도덕은 극도로 타락했다.[9)]

피터 발도는 프랑스 남부 국경 지역인 보(Vaux)에서 태어나 젊은 시절 장사로 많은 재산을 모았다. 리옹에 진출해서 아주 유력한 상인으로 이름을 날렸다. 그는 교회 행정의 중책을 맡고 있었다고 한다. 교회에서 평신도로서 중요한 직책을 맡고 있었을 뿐만 아니라, 상당한 재물을 가지고 있었기에 지역 사회 봉사활동도 적극적으로 하였다. 그에게는 내면성 깊고 현숙한 아내가 있었고, 사랑스런 두 딸이 있었다. 그는 많은 사람들이 부러워하는 삶을 살고 있었다.[10)]

그런데 발도의 삶에 예상치 못한 일이 발생했다. 1173년 자기와 동업을 하던 그 도시의 영향력 있던 동료가 파티석상에서 갑자기 급사(急死)하는 것을 목격했다. 그 사건이 있고 난 후, 발도는 죽음의 공포에 시달리게 되었고, 생과 사에 대해서 깊은 실존적 고민을 하게 되었다. 죽음 후에 있을 사후 세계에 대한 깊은 영적 고뇌에 빠졌다. 그는 1176년에 한 수도승을 만나 교제하는 가운데 그 수도승을 통해서 마 19:21절 "예수께서 이르시되 네가 온전하고자 할진대 가서 네 소유를 팔아 가난한 자들에게 주라. 그리하면 하늘에서 보화가 네게 있으리라. 그리고 와서 나를 따르라."는 말씀을 듣게 되었다. 그 수도승은 발도에게 이 말씀에 순종하여 살며, 성지순례를 떠날 것을 권하였다. 그 후 발도는 그 말씀에 순종하고자 결심했다. 두 딸들을 퐁테브로 수녀원으로 보냈다. 그리고 아내에게 재산의 일부

---

9) 최덕성, 『종교개혁전야』 (서울: 본문과 현장사이, 2003), 63-64.

10) Williston Walker, *A History of The Christian Church* (New York, Charles Scribner's Sons, 1918), 251.

를 떼어주고는 나머지는 모두 가난한 사람들에게 나눠주었다.[11] 그리고 자신은 순회 설교자로서 새 출발을 했다. 발도가 믿음의 결단을 하고 신앙의 새 출발을 했을 때, 프랑스 전역에 기근이 닥치자, 리옹에 사는 가난한 사람들을 찾아가서 불우이웃돕기에 나섰다. 빵, 채소, 고기 등 식료품을 사서 나눠주며, 예수님의 이웃 사랑을 적극 실천했다. 발도는 설교를 통해 교회의 세속화를 비판했다. 교회가 세상의 영향을 받기보다 세상을 변화시켜가야 한다고 설교했다.

발도는 언어적 지식이 뛰어났던 성직자 베르나르 이드로(Bernard Ydros)와 안사의 스테판(Stephen)의 도움을 받아 복음서들과 신약성경의 중요한 부분들을 자국어로 번역하게 했다. 불게이트 라틴어 성경만을 정경으로 고집하고 있던 로마 가톨릭 당국자들의 자가당착적인 관습과 전통이 팽배해있던 그 시대에 발도가 자국어로 성경을 번역하여 읽었다는 것은 참으로 파격적이고 용기 있는 행동이 아닐 수 없다. 뿐만 아니라 어거스틴, 제롬, 암브로스, 그레고리 1세의 작품들 가운데서 중요한 부분들을 발췌해서 프랑스어로 번역하도록 했다. 발도를 추종하는 사람들은 프랑스어 성경을 열심히 읽었다. 그들은 성경을 사랑했고, 그 성경의 가르침대로 단순하게 순종하고자 힘썼다. 발도파들은 거짓말을 하지 않았고, 맹세도 하지 않았다. 간음하지 않았으며 순결한 삶을 살았다. 그들은 성경의 가르침을 문자적으로 받아들였다. 그들은 소박하고 경건한 삶을 살면서 "성경에 이렇게 기록되어 있어요." 하면서 사람들에게 그러한 삶을 살도록 가르쳤다.[12]

발도의 결단과 그의 변화된 삶에 사람들은 신선한 충격을 받았다. 그 소식을 듣고 많은 사람들이 발도에게로 몰려왔다. 그들은 성경의 가르침대

11) Williston Walker, *A History of The Christian Church* (New York, Charles Scribner's Sons, 1918), 251.

로 청빈하게 살겠다고 결심하며 모여들었다. 발도는 자기 곁에 모여든 추종자들과 함께 둘씩 짝을 지어 거리와 촌락을 다니면서 복음을 전하며 전도했다.[13] 가는 곳마다 수많은 남녀 개종자들을 얻었다. 여성들도 거리낌 없이 설교했다. 이 모든 것은 그 시대 성직제도에 어긋나는 일이었다. 발도파들은 당시 성직자들의 타락과 부패한 삶을 질타했다. 그리고 그 당시 상당한 세력을 형성하고 있던 알비파 이단 사상을 비판했다. 발도파는 원시 기독교의 소박하고 단순한 삶의 모습을 재현했다. 그들의 설교는 단순했다. 새롭거나 까다로운 교리를 강론한 것이 아니었다. 단순한 말로 하나님 앞에 진실한 회개를 하고 말씀에 순종하며 바른 삶을 살도록 설교했다.

2. 방해 세력들

리옹의 대주교가 그들의 활동을 막으려고 했다. 리용의 대주교는 발도파가 무식하여 성경을 자의적으로 해석하고 또 사도직을 아주 우습게 여긴다고 조롱했다. 하지만 이들은 물러서지 않았다. 그들은 "사람들의 말을 순종하는 것보다 하나님의 명령에 순종하는 것이 더 마땅하다."며 응수했다.[14] 발도파가 이단으로 정죄를 당한 가장 결정적인 것은 기존 교회의 제도와 가르침과 권위를 무시했기 때문이다. 리옹의 대주교는 그들의 설교 사역을 금지하면서 설교는 성직자의 고유한 직무라고 주장했다. 그러나 발도파는 예수님의 가르침을 받고 복음의 진리를 깨달은 사람들은 누구든지

---

12) 최덕성, 『종교개혁전야』, 67.

13) Williston Walker, *A History of The Christian Church* (New York, Charles Scribner's Sons, 1918), 252.

14) Philip Schaff, *History of the Christian Church*, vol. 5. (Peabody: Hendrickson Publishers, 2011), 494-495.

설교할 수 있다고 주장했던 것이다. 이 논리는 교계의 사도직 계승을 교회의 본질로 여기는 로마 가톨릭교회에 대한 심각한 도전이었다.[15)]

12세기 초기에는 "리옹의 가난한 사람들"로 불리기도 했다. 이 운동을 오늘날 이탈리아와 프랑스의 국경을 이루는 코티안 알프스(Cottian Alps)까지 전파되었다. 발도파는 사도들의 완전한 청빈을 추구했다. 발도파의 가르침은 가톨릭교회와의 지속적인 갈등을 불러왔다.[16)]

발도파는 초기에는 로마 가톨릭교회와 교황을 부정하지는 않았다. 그러나 교황이나 교권보다 하나님의 말씀이 더 중요하다고 이해했다. 제도화된 로마 가톨릭교회가 참 교회의 본질을 위협하고 있다고 생각했다. 그래서 로마 가톨릭교회가 자신들을 박해하자 자신들은 교황에 속한 것이 아니라, 하나님께 속했다고 천명했다. 로마 가톨릭교회가 자신들을 박해하는 것은 정당하지 않다고 주장했다.[17)]

로마 가톨릭의 성직자들은 발도파를 싫어하여 여러 가지 제재를 가해왔다. 그러나 억압하고 박해할수록 발도파를 추종하는 신자의 수는 점점 더 증가했다. 이들이 세상 사람들의 주목을 받게 된 것은 그들이 성경을 애독하고 부지런히 설교하는 것 외에도 자발적으로 검소하고 청빈한 삶을 살았기 때문이다. 발도파 사람들은 청빈 서약을 한 수도사처럼 살았다. 그들의 청빈한 삶과 순결한 이미지는 대중의 주목과 존경을 받을 뿐만 아니라 기득권을 가진 사람들의 관심과 호의를 얻게 되었다. 발도파 사람들은 당시의 성직자들의 삶과 큰 대조를 이루었다. 발도파들의 삶이 성경적이었고, 사도들의 삶에 더 일치했다. 세상 사람들은 당시의 교황과 주교, 성직

15) 최덕성, 『종교개혁전야』, 68-69.

16) W https://en.wikipedia.org/wiki/Waldensians

17) 최덕성, 『종교개혁전야』, 71.

자들이 과도하게 세상적인 부를 소유하고 사치하고 호화롭게 사는 것을 탐탁지 않게 바라보았다. 세상의 부와 명예에 마음이 빼앗겨 있는 그들이 참 목자가 아니라고 확신했다. 순결하지 않은 사람은 다른 사람의 순결을 지도할 수 없다. 천국 길을 가로막고 있는 자가 어찌 사람들을 천국으로 인도할 수 있겠는가? 그러므로 그들에게 순종할 필요가 없다고 주장했다.

발도파는 1179년 제3차 라테란 공의회에 두 명의 회원을 보냈다. 그리고 교황 알렉산더 3세(1159-1181)를 알현하고 자신들의 삶의 방식을 승인해 줄 것을 요청했다. 그리고 앞으로도 계속해서 전도할 수 있도록 간청했다. 그때 그들은 교황에게 자신들이 번역한 성경을 선사했다. 교황은 그들의 성경을 조사할 위원회를 선정했다. 그때 의장이 영국 웨일즈 출신 월트 맵(Walter Map)이었다. 그는 발도파의 품행과 얕은 지식을 비웃었다. 그 위원회는 발도파에게 전도를 금지했다. 1184년의 베로나 교회회의는 그들을 "리옹의 가난한 사람들"이라고 불렀으며, 알비파와 같은 부류의 이단 종파로 결론 내렸다. 교황청은 발도파들의 청빈한 생활과 단순한 복음적 신앙이 기존 교회의 파괴를 가져올 것이라고 크게 우려했다.

발도파들은 사제가 아닌 사람도 성찬을 베풀 수 있다고 했다. 그리고 성자숭배, 성자유품 숭배, 성상숭배가 성경적이지 않다고 하여 거부했다. 발도파는 부패한 성직자들이 집례하는 성례의 효능을 의심했고, 산상수훈에 근거하여 맹세와 사형을 금지했다. 그리고 발도파는 사람이 죽으면 영혼이 육신에서 빠져나와 즉각적으로 천국이나 지옥에 간다고 믿었다. 그러므로 연옥 교리는 잘못된 것이며, 죽은 자를 위한 기도는 무의미하다고 확신했다. 발도파는 자신들을 교회 내의 교회, 선별된 무리로 간주했다. 그들은 로마 교회를 바벨론의 음녀라고 비판했다. 그리고 교황청을 거짓의 집이라고 불렀다.[18]

그리고 기존 교회의 금식과 축제일에 대한 규례를 거부하고, 교부들의 가르침의 일부가 성경적이지 않다고 주장하기도 했다. 사제 앞에서 하는 참회의 고백, 즉 고백성사를 옳지 않다고 했으며, 사제를 통하지 않고, 성도가 직접적으로 하나님께 나아가 용서를 구해야 한다고 믿었다. 발도파는 죽은 성자들에게 기도하는 것을 강력히 거부했다. 인간 교황이 성인으로 추대한 성자가 기적을 일으킨다고 하는 것은 터무니없는 주장이라고 했다. 그러므로 죽은 성자에게 기도하는 것은 잘못된 것이라고 했다. 발도파는 성자의 축일, 성모의 축일, 사도의 축일을 지킬 필요가 전혀 없다고 했으며, 참된 회개와 죄사함은 살아있는 사람들에게만 해당된다고 했다. 발도파 사람들은 월, 수, 금요일에 금식을 했다.[19] 로마 가톨릭 교회가 임의로 정해 놓은 금식일을 무시하고 식사를 했으며, 사순절에 육고기를 먹지 않는 규례를 깨고 자유롭게 고기를 곁들인 식사를 했다. 그들은 그리스도께서 육고기를 먹지 않는 모범을 보인 바 없으며, 금한 바 없다고 주장했다. 발도파는 마리아에게 올리는 기도문을 외우지 않는 대신에 주기도문을 자주 외었다. 무릎을 꿇고 허리를 굽히거나 땅바닥에 엎드려 기도했으며, 주기도문을 여러 번 반복해서 외웠다. 발도파는 이른 아침, 점심 시간 저녁 식사 시간 전후, 취침 시간, 오전과 오후에 무시로 성령 안에서 기도하길 좋아했다. 그들의 기도는 로마 가톨릭교회가 기도문 형식에 얽매여서 하는 기도와 달랐다. 그들의 기도는 형식적이지 않았고, 어떤 경우에도 마리아나 성자들에게 기도하지 않았다. 그들은 오직 하늘에 계신 하나님 아버지의 이름을 부르며 하나님께 직접 기도했다. 발도파는 세 가지 교회 계급이

18) Philip Schaff, *History of the Christian Church*, vol. 5. (Peabody: Hendrickson Publishers, 2011), 503-505.

19) Williston Walker, *A History of The Christian Church* (New York, Charles Scribner's Sons, 1918), 252.

있었다. 감독, 사제, 집사이다. 이 계급의 힘은 로마 가톨릭교회로부터 오는 것이 아니라 그 직임 자체에서 비롯되며, 제도화된 기존 교회의 질서는 하나님으로부터 온 것이 아니라 인간들이 인위적으로 만들어 낸 것이라고 생각했다.[20]

3. 발도파의 확산과 탄압

발도가 1217년에 죽은 후에, 여러 지역에 흩어져 있던 발도파 신자들은 비공식적인 교류를 하고 있었다. 발도파는 소사이티(Societies)라고 하는 교회 조직을 만들었다. 그리고 매조랄(Majoral)이라고 불리는 치리기구를 만들었다. 로마 가톨릭교회가 교황에게 순종하듯이 발도파 사람들은 이 치리기구의 결정에 순종했다. 어떤 발도파 지역 교회에서는 집사, 장로, 감독을 세웠다. 신자들은 상급자에게 순종했으며, 강한 형제 의식을 가졌다. 서로를 형제, 자매로 불렀다. 공동체 밖에 있는 사람들을 친구로 일컬었다. 발도파 교회의 수는 급속히 증가했다.[21] 이것은 그 시대의 사람들이 그만큼 기존 교회에 대한 불만을 크게 가지고 있었고, 새로운 변화와 개혁을 갈망하고 있었다는 방증이있다. 발도파는 특히 하층계급에서 널리 퍼져갔다. 처음에는 남부 프랑스와 스페인, 그 다음에는 독일, 알프스, 롬바르디아 지방에 확산되었다. 더 나아가 보헤미아, 폴란드, 헝가리, 스페인 지역으로 널리 확산되었다. 독일 지역의 발도파들은 박해에 강력히 저항한 것으로 유명하다. 보헤미아 지역 사람들은 존 후스의 추종자들과 친분을 가졌다. 후스파 신학자들로부터 신학을 공부했다. 그들의 도움으로 신학서적

20) 최덕성, 『종교개혁전야』, 73-75.

21) Williston Walker, *A History of The Christian Church* (New York, Charles Scribner's Sons, 1918), 252.

을 읽고, 번역하고, 그것을 요약하여 발도파 공동체에 보급했다.

발도파 교회는 로마 가톨릭교회의 시각에서 보면, 분리주의 이단 집단으로 보였을 것이다. 그러나 개혁주의 교회관으로 보면, 그 발도파 교회야말로 성경이 제시하는 교회의 본질에 충실한 정통신앙을 고수하며 꿋꿋하게 16세기 종교개혁의 선구자의 길을 개척해 갔던 것이다.

발도파 사람들은 그리스도의 성육신과 부활과 승천의 교리를 믿는다고 고백했다. 이단 심문조서는 "이단의 덫에 걸리지 않으려고 마치 로마 가톨릭교회가 믿는 것을 다 믿는 것처럼 답하기 때문에" 이단으로 정죄하는 것이 아주 어려웠다고 한다.

12세기 말부터 로마 교황청은 발도파에 대한 박해를 시작했다. 1184년 교황 루키우스 3세(Lucius III, 1181-1185)가 베로나 교회회의(Council of Verona)를 개최했다. 이 교회회의에서 발도파를 반사회적이고, 반제도적인 운동을 펼치고 있던 알비파와 함께 이단으로 정죄했다. 그리고 이 활동을 금지했고, 발도파에 가담하는 자들을 출교시켰다. 박해가 심해지자 발도파들은 개인 집에서 비밀 예배를 드릴 수밖에 없었다. 순회 설교자들은 은밀하게 이들을 돌보며 설교와 전도사역을 멈추지 않았다. 그 결과 프랑스, 독일, 스페인, 이태리, 폴란드와 오스트리아까지 널리 퍼져나갔다.[22]

13세기에 이르러 발도파에 대한 박해는 더욱 거세졌다. 1215년 교황 이노센트 3세(Innocene III, 1198-1216)는 발렌시아(Valencia) 교회회의를 열어 발도파가 주교의 허락 없이 설교하는 등, 교회의 권위에 도전한다는 명분을 내세워 이단으로 정죄한 후, 처형을 명했다. 이후로 이탈리아와 오스트리아, 특히 프랑스의 알프스 남부 지역 피에몬트 산에 숨어 있던 수많은

---

22) Williston Walker, *A History of The Christian Church* (New York, Charles Scribner's Sons, 1918), 251.

발도파가 죽임을 당했다.

로마 가톨릭교회는 교황 이노센트 3세 때부터 발도파를 무자비하게 박해했다. 알비파를 징벌하는 동시에 많은 발도파 신자들을 죽였다. 극심한 박해가 가해지자 프랑스와 스페인 지역의 발도파 신자의 수는 점점 감소되었다. 그러나 이탈리아 북부 지방에서는 여전히 상당수 사람들이 발도파 신앙을 유지하고 있었다. 프랑스 발도파는 알프스 산 계곡에 사는 주민들에게 전도하여 많은 개종자들을 얻었다.

그곳에는 높은 산지가 있었고, 페루자(Perouse) 강과 루세르네(Luserne) 강과 앙그로네(Angrogne) 강으로 둘러싸인 고산지대의 계곡이 있었다. 그들은 그 산악 지대에 숨어 살면서 성경의 가르침을 좇아 신앙생활을 하고자 했다. 지역적인 특성 때문에 한동안 박해의 피해를 적게 받았고 안전한 신앙공동체를 이룰 수 있었다. 이들은 멀리 남쪽으로 칼라브리아(Calabria)까지 정착촌들을 두었고, 15세기까지 그 방향으로 이주를 계속했다.[23)]

알프스 지역에서 제한적인 자유를 누리던 발도파들은 성전(Temple)이라고 하는 교회당들을 세웠다. 많은 발도파들이 로마 가톨릭교회의 핍박을 피하여 군사들이 접근하기 어려운 알프스 산맥의 피에몬트 계곡으로 피난하여 자리를 잡았다.

발도파는 리옹에서 추방되었고 교회의 최고 권위에 의하여 파문당했는데도 이에 개의치 않고 성경을 가르치고 전도하기를 그치지 않았다. 이들은 1190년에 나르본(Narbonne)에서 개최된 신학 토론회에 참석하라는 요구를 받았다. 이들은 교회 당국자들의 명령을 거역하고, 평신도들이면서 감히 설교를 했다는 이유로 고소를 당했다.[24)]

---

23) Philip Schaff, *History of the Christian Church*, vol. 5. (Peabody: Hendrickson Publishers, 2011), 496-499.

많은 핍박에도 불구하고 발도파는 유럽 전역으로 퍼져나갔다. 발도파는 이탈리아 북부 롬바르디아 지역으로 퍼져나갔는데, 그곳은 포강이 있고 이탈리아 최대의 곡창지역이다. 그곳에서 자신들과 비슷한 성향의 신앙 집단을 만났다. 그 집단은 겸비파(the Humiliati)였다. 롬바르디아 겸비파의 상당수가 발도파에 가담했고, 발도의 지도를 받았다. 겸비파도 성경의 가르침대로 살고자 힘썼으며, 평이한 옷을 입었고, 맹세와 거짓말과 법률 소송을 금했다. 제3차 에큐메니컬 공의회와 베로나(Verona) 교회회의에서는 그들을 리옹의 가난한 사람들과 동일시했다.[25)]

1209년에 오토 4세는 발도파의 추방령을 공포했고, 1220년에 사보이 백작 토마스는 그들에게 호의를 베푸는 자들에게 벌금을 물리겠다고 협박했다. 발도파는 아주 근면한 사람들이었다. 그들은 어딜 가나 쓸모 있는 사람들이었다. 그들은 알프스 산악 지대의 악조건 가운데서도 꿋꿋하게 자신들의 삶을 개척해 나갔다. 그러다가 1312년에 최초로 화형을 당하는 일이 발생했다.[26)]

1380년 아비뇽 교황 클레멘트 7세(Clement VII, 1378-1394)는 수도사들을 동원하여 발도파를 색출해서 처형을 했다. 프랑스 남부의 이단들에 대해서 십자군 원정이 감행되었을 때, 그 대상에 발도파도 포함되었다. 그러나 그들이 당한 고초는 프랑스 남부의 알비파가 견뎌야 했던 것에 비교하면 작은 것이었다. 1316에 발도파 신도들에게 핍박이 다가왔다. 몇 사람

24) Philip Schaff, *History of the Christian Church*, vol. 5. (Peabody: Hendrickson Publishers, 2011), 495-499.

25) Williston Walker, *A History of The Christian Church* (New York, Charles Scribner's Sons, 1918), 251-252.

26) Philip Schaff, *History of the Christian Church*, vol. 5. (Peabody: Hendrickson Publishers, 2011), 496-499.

이 종신형을 선고받았고, 또 몇 사람이 화형을 당했다. 프랑스 내에 발도파에 대한 지속적인 핍박이 가해졌다. 1498년에 프랑스의 인민의 아버지로 불렸던 루이 12세(Louis XII, 1462, 1498-1515)는 그들에게 제한된 범위 내에서 관용을 베풀었다. 하지만 1545년에는 프랑스 발도파가 거주하던 22개 촌락이 프로방스 의회의 명령으로 약탈과 방화를 당했다.

이노센트 8세(Innocent VIII, 1484-1492)는 마술을 공식적으로 인정했을 뿐만 아니라, 너무나 성적(性的)으로 문란했고 많은 사생자를 둔 교황으로 악명을 날렸다. 그 부도덕하고 사악한 교황은 발도파에게 잔인한 핍박을 가해왔다. 1487년에 그는 프랑스 보(Vaudois) 지역에 살고 있는 발도파들을 이단자로 파문하는 교황의 교서를 내렸다. 크레모나의 주교 알베르토는 교황의 교서를 받고 피에몬트 지역에 살고 있는 발도파들을 제거하기 위해 십자군을 동원했다. 이노센트 8세는 프랑스 샤를 8세 국왕과 사보이 공작에게도 발도파를 제거하도록 명령을 내렸다. 이노센트 8세는 1만 8천 명의 군대를 제공했다. 이때도 수많은 발도파들이 붙잡혀 처형을 당했다. 피에몬트에 살고 있던 발도파는 무시무시한 핍박을 피해서 더 높은 계곡 지대를 찾아 올라갈 수밖에 없었다. 그곳에서 생존하느라 이루 말할 수 없는 고통을 겪었다.

하나님의 말씀을 거역하며 하나님의 진노를 쌓고 있던 자들이 도리어 심문관의 자리에 앉아 진실한 그리스도인들을 심문하고 박해했다. 성경적 신앙을 가진 선량한 기독교인들을 이단으로 매도했고, 목을 자르고, 손발을 자르고, 불태워 죽였다. 실낙원을 집필한 영국의 위대한 작가 존 밀턴(John Milton, 1607-1674)은 발도파들을 잔인하게 핍박하는 자들을 향하여 이런 글을 남겼다. "주여, 무자비하게 학살당하는 당신의 성도들을 위해서 복수하소서. 저들의 뼈가 추운 알프스 산맥에 널려 있나이다."[27]

독일과 오스트리아에서 전개된 발도파의 역사는 프랑스와 이탈리아에서 전개된 것에 못지않게 관심을 끈다. 독일과 오스트리아의 발도파 운동은 다른 복음주의적 분리파 운동들을 위한 길을 예비했다는 점에서 더 큰 관심을 갖게 된다. 12세기 말에는 발도파가 번역한 성경의 일부분이 프랑스 동북부의 메츠 지방에 유포되었다. 그런데 사악한 교권주의자들에 의해서 그 성경 사본들은 압수되어 불태워졌다. 발도파는 1212년 스트라스부르크에서 대대적인 이단 색출이 단행되었을 때, 80명 가까이 목숨을 잃었다. 로마 교황청은 진정으로 하나님을 경외하며 바른 성경의 가르침을 따라 정통의 길을 좇아 살던 발도파를 이단자들로 몰아 칼과 창으로 무참히 살해하였고, 하늘의 진노를 쌓아갔다. 그런 박해가 있었지만, 발도파는 폴란드, 독일 바이에른, 보헤미아, 오스트리아 지역으로 널리 확산되어 갔다. 1300년 초에 오스트리아에 50개 이상의 발도파 공동체와 많은 수의 발도파 학교가 있었다. 오스트리아 파우사 교구에만 8만 명 이상의 발도파가 있었다. 특히, 보헤미아에서도 발도파 운동이 왕성하게 일어났다. 당시에 보헤미아가 발도파의 가장 중요한 중심지가 되었다.[28] 15세기 종교개혁의 새벽별로 알려진 존 후스(John Huss, 1369-1415)가 출현했을 때, 발도파 운동은 후스파(Hussites) 운동에 흡수되었다.

끝없는 박해와 탄압에도 불구하고 발도파의 성경적 개혁 운동은 이어졌고, 그들을 지지하는 세력도 날로 확산되어 갔다. 이탈리아 롬바르디아와 프랑스 남부 프로방스 지역에서 수많은 신학자들과 학교들이 발도파를 따랐다.[29]

---

27) Philip Schaff, *History of the Christian Church*, vol. 5. (Peabody: Hendrickson Publishers, 2011), 499.

28) Philip Schaff, *History of the Christian Church*, vol. 5. (Peabody: Hendrickson Publishers, 2011), 499-500.

4. 발도파들의 거룩한 열정

독일에서 활동한 발도파는 심한 박해에도 불구하고 15세기까지 존속했다. 오스트리아 발도파는 성경 보급 사업을 적극적으로 펼쳤다. 발도파는 행상으로 귀족들의 저택을 찾아다니면서 최상급의 보석들과 좋은 물품들을 보여준 다음에 세상에서 가장 값비싼 보석은 하나님의 말씀이라며 복음을 전했다고 한다. 발도파는 남을 속이는 일이 없었으며, 정직하고 근면하고 절제 있는 삶으로 많은 사람들에게 칭송을 받았다. 그들은 어떤 경우에도 맹세를 하지 않았고, 거짓말을 하지 않았다.

발도파는 중세의 이단으로 판명된 알비파가 활동하는 지역과 지리적으로 연관되어 있었기 때문에 알비파와 같은 이단으로 오해를 받기도 했다. 그러나 발도파는 알비파와는 근본적으로 달랐다. 알비파는 마니교의 이단적 요소를 많이 채택하는데, 발도파는 마니교의 요소를 채택한 적이 없었다. 게다가 기성 교회의 성례전을 배격하지도 않았다. 자기들만의 새로운 의식을 고안하지도 않았다. 신비주의자들과도 거리가 멀었다. 발도파는 알비파 금욕적인 면을 조금 본받은 것은 사실이나 근본적으로 알비파 이단을 반대했다.[30] 발도파는 신자들의 보편적 만인제사장주의를 주장했다. 그들은 사도들의 행동을 따르고 예수님의 산상수훈의 교훈에 복종하는 것을 강조했다.[31]

발도파는 신앙의 상식한 변이 있었나. "하나님 앞에서 너희의 말을 듣

---

29) E. H. Broadbent, *The Pilgrim Church* (England: Camelot Press, 1985), 96.

30) Williston Walker, *A History of The Christian Church* (New York, Charles Scribner's Sons, 1918), 252.

31) Philip Schaff, *History of the Christian Church,* vol. 5. (Peabody: Hendrickson Publishers, 2011), 500-502.

는 것이 하나님의 말씀을 듣는 것보다 옳은가 판단하라."(행 4:19절) 이 말씀을 즐겨 인용하면서 본인들의 소신을 좇아서 신앙생활을 했다. 이 견해를 가톨릭 당국자들은 교황과 고위 성직자들의 권위에 복종하지 않겠다는 뜻으로 해석했다. 초기에 그들에게 가해진 비판에는 한결같이 이 내용이 실려 있었다. 로마 교황청의 고위 인사였던 알라누스는 그리스도께서 빌라도의 권위에 복종하신 일을 예로 들면서 권세는 하나님께서 세우신 것이라는 논리로 발도파들의 주장을 반박했다. 아마도 이것이 중세의 분리파 이단들이 추구한 종교적 독립에 대해서 최초로 성경을 근거로 적극적으로 비판한 사례일 것이다. 그 주장에는 훗날 마틴 루터가 보름스 제국회의에서 카를 5세(1500-1558) 황제와 여러 고위 당국자들과 종교지도자들 앞에서 당당하게 공언했던 양심의 자유의 고귀한 씨앗을 보는 듯하다.

그리고 발도파는 성경의 권위를 절대적으로 신뢰했고, 일반 평신도들도 성경을 애용했다. 발도파들은 자신들도 다 이해를 하지 못했지만, 부지불식간에 개신교 종교개혁의 물길을 열어가고 있었던 것이다. 물론 그 시대에는 아직까지 평신도가 성경 읽는 것이 금지되지는 않았으나, 발도는 성경을 살아 있는 책으로 만들었고, 자국어 번역 성경을 부지런히 읽고 가르쳤다.[32] 평신도들이 마태복음과 누가복음을 완전히 암기하고 있었기에 설교자가 그 내용을 충분히 암기하지 않고는 한마디도 제대로 인용할 수 없을 정도였다.

발도파는 설교의 중요성을 강조했으며, 평신도들도 설교할 수 있었다.[33] 발도와 그의 동료들은 평신도 전도자들이었다. 가톨릭 당국자들은

32) 1229년 프랑스 남부 툴루즈 공의회에서 평신도들은 성경을 소유하지 못하게 했다. 그리고 불게이트 라틴어 성경 외에는 정경으로 인정하지 않았다. 그리고 모든 자국 언어로 성경을 번역하지 못하게 결의했다. 교회 역사상 가장 치욕적이고 악마적인 결의를 했다.

발도파가 평신도 단체로서 설교를 하고 있다는 사실을 근거로 이 단체를 극악한 이단이요, 교만하고 무례한 집단이라고 비판하고 고발했다. 알라누스는 그들을 가리켜 거짓 설교자들이라고 불렀다. 교황 이노센트 3세(1198-1216)는 1199년 메츠의 이단들에 관해서 쓰면서 성경을 읽고 이해하고 싶어 하는 발도파들의 열정은 칭찬할 만하다고 했다. 하지만, 비밀리에 모임을 갖고, 사제들의 설교권을 탈취하여 평신도가 설교하는 것이 한 가지 흠이라고 했다. 가톨릭 당국자들은 "보내심을 받지 않았으면 어찌 전파하리요?" 라는 말씀을 인용하면서 발도파가 아무에게도 보냄을 받지 않은 평신도 주제에 설교한다고 비판을 했다. 이 비판에 대해서 발도파는 모든 그리스도인들이 "너희는 온 천하에 다니며 말씀을 전파하라." 는 예수님의 마지막 지상 명령에 순종해야 마땅하지 않느냐며 반문했다. 그리고 야고보서 4:17절 "그러므로 사람이 선을 행할 줄 알고도 행하지 아니하면 죄니라." 말씀을 인용하면서 말씀을 전하지 않는 것이 죄라고 항변했다. 1179년에 교황 알렉산더 3세(1159-1181)는 전도할 권한을 달라는 그들의 요구를 일언지하에 거절했다. 발도파는 굴하지 않았고, 큰 길에서 집에서 말씀을 전파했다. 기회가 생기면 교회에서도 전도하기를 그치지 않았다.[34)]

발도파는 구시대 관습을 완전히 뒤집어 버리고, 선구자적인 길을 개척했다. 그들은 남자들뿐만 아니라, 여자들도 전도하고 설교할 권리가 있다고 주장했다. 바울 사도가 여자는 교회에서 잠잠하라고 하지 않았느냐는 반론에 대해서는 자신들이 주장하는 것은 공식적인 설교가 아니라 가르치

33) Williston Walker, *A History of The Christian Church* (New York, Charles Scribner's Sons, 1918), 252.

34) Philip Schaff, *History of the Christian Church*, vol. 5. (Peabody: Hendrickson Publishers, 2011), 502-503.

는 일이라고 답변했다. 디도서 2:3절 "늙은 여자로는 이와 같이 행실이 거룩하며 … 선한 것을 가르치는 자들이 되고"를 인용하며 반박했다.

발도파가 마태복음 16:19절 "네가 땅에서 무엇이든지 매면 하늘에서도 매일 것이요, 네가 땅에서 무엇이든지 풀면 하늘에서도 풀리리라." 이 말씀이 교회 당국자들이 수여하는 성직 수임이 아니라, 예수님을 그리스도로 믿고 영접한 자들에게 주어지는 영적 능력이요 공덕(功德)이라고 했다. 이런 견해는 시대를 앞서가는 혜안이었다. 낡은 전통과 관습에 맹종하는 비판자들은 이러한 발도파들의 주장을 성직위계제도의 근간을 뒤흔드는 위험한 발상이라고 공격했다. 발도파는 사제가 죄를 버리지 못하고 하나님 앞에서 부끄러운 삶을 살아간다면, 성찬을 집례해서는 안 된다고 주장했다. 하지만, 하나님 말씀을 따라 경건하고 거룩한 삶을 사는 평신도는 집례할 수 있다고 주장했다. 심지어 여성들도 성례를 집례할 수 있다고 주장했다. 이런 주장들은 남성 중심의 교권주의가 팽배해있던 시대 분위기에서 아주 파격적이요, 혁신적인 주장이 아닐 수 없었다.

세례를 집례하는 문제에 관해서는 이탈리아 발도파와 프랑스 발도파 사이에 견해 차이가 있었다. 일부 지역에서는 유아 세례를 부정하는 경향이 있었다. 유아들이 세례받지 않고도 구원을 받는다는 견해가 어느 정도 성행했었다. 초기 발도파의 견해가 무엇이었든지 간에 종교개혁 시대에 그들은 성례 집례권을 성직자들에게 일임했다고 한다.[35)]

프랑스 남부에서 활동했던 발도파는 주교를 선출했다. 또한 사제들과 부제들도 두었다. 그들은 상급자에게 복종하는 삶을 살았다. 리옹에서 활

---

35) Philip Schaff, *History of the Christian Church*, vol. 5. (Peabody: Hendrickson Publishers, 2011), 502-503.

동했던 발도파가 사용했던 신약성경과 시편, 잠언, 아가서, 전도서가 현존하고 있다. 발도파는 말씀을 전하는 일에 힘썼을 뿐만 아니라, 청빈한 삶을 살고자 노력했다. 이탈리아 아시시 출신 성 프랜시스(1182-1226)가 발도파의 제자였을 가능성이 높다. 프랜시스가 발도파의 청빈한 삶을 본받고, 자신도 가난한 삶을 살면서 그리스도의 가난을 온몸으로 실천하며, 많은 영향력을 발휘했던 것이다.[36)]

5. 발도파의 가르침

발도파들의 중세 역사에 대해서 알려진 대부분의 지식은 로마 가톨릭교회의 기록과 저작물로부터 거의 독단적이고 일방적으로 인용되고 있다. 그랬기에 사실에 기초한 정보나 객관적이 평가를 받지 못하고 치우친 평가를 받을 수밖에 없었다. 중세 로마 가톨릭교회는 발도파들을 이단으로 정죄를 했다. 발도파에 대한 자료의 부족으로 인해 우리는 발도파의 신조들을 통해서 발도파의 진면목을 살피게 된다. 초기 발도파에 관한 지식과 정보의 대부분은 1180년에 있었던 '리옹의 발도파의 신앙 고백서'에서 찾게 된다. 1187년에 작성된 앙세의 '스테파노의 유언'(the Will of Stefano d' Anse)도 중요한 기록물 중에 하나이다. 그리고 1220년에 기록된 '리옹의 익명의 연대기' 도 있다.[37)]

발도파들은 세속적인 관직을 갖는 것과 고위 성직자가 되는 것은 복음의 전파자에게 별로 유익하지 않다고 보았다. 그리고 로마 가톨릭교회에서 중시해 왔던 성인들의 뼈들이 일반 사람들의 뼈와 다를 바 없다고 생각했

36) Philip Schaff, *History of the Christian Church*, vol. 5. (Peabody: Hendrickson Publishers, 2011), 505-506.

37) W https://en.wikipedia.org/wiki/Waldensians

다. 그렇기 때문에 성인들의 뼈들을 특별하게 생각하거나 거룩하게 생각해서는 안 된다고 했다. 가톨릭교회는 성지순례를 강조하면서 성지순례를 하면 이것이 공덕이 되어 연옥 생활을 단축시킨다고 가르쳐왔다. 그러나 발도파들은 성지순례는 돈과 시간의 낭비일 뿐이라고 했다. 그리고 사람은 생전에 잘 먹었든지 못 먹었든지, 죽어서 때가 되면 썩게 된다고 했다. 가톨릭교회에서 성수(the holy water)라고 하는 물도 효과 면에서 빗물과 다를 바 없다고 했다. 또 교회에서 드려지는 기도나, 외양간에서 일하다가 드려지는 기도나 그 기도의 효과는 똑같다고 보았다. 발도파가 화체설을 인정하지 않고 조롱하자 이들은 고소되었다. 심지어 발도파들은 가톨릭교회를 요한 계시록의 음녀라고 모독적인 발언을 하기도 했다. 그들은 가톨릭교회의 우상들을 거절했다. 교황제를 로마의 적그리스도로 간주했다.[38)]

1220년에 작성된 『왈도파의 신앙고백서』(A Confession of Faith of the Waldenses)는 장로교회의 신앙고백서와 거의 일치했다. 프린스턴 신학교 Samuel Miller(1769-1850) 교수는 "왈도파는 중세시대의 진정한 장로교도였다." 고 했다.[39)] 발도파가 남긴 14개 조항 신앙고백서를 살펴보자.

1. 우리는 사도 신경에 나오는 12조항의 모든 내용을 믿고, 그것과 모순되는 것은 이단적이라고 여긴다.
2. 우리는 한 하나님, 곧 성부, 성자, 그리고 성령을 믿는다.
3. 성경은 거룩한 정경(canon)이다.
4. 성경은 전능하시고 지혜와 선이 무한하며, 선으로 모든 만물을 창

---

38) W https://en.wikipedia.org/wiki/Waldensians

39) Samuel Miller, *Presbyterianism The Truly Primitive and Apostolic Constitution of the Church of Christ* (Philadelphia: Presbyterian Board of Publication, 1842), 18-19.

조하신 한 분 하나님을 우리에게 보여준다. 하나님은 자신의 형상과 모양으로 아담을 창조하셨다. 그러나 아담은 사탄의 유혹에 의해 불순종하여 타락하게 되었고, 죄가 세상에 들어왔다. 우리는 아담 안에서 범죄자가 되었다.

5. 하나님은 그리스도를 보내주신다고 옛 선조들에게 약속하였다. 그들은 율법, 불의, 연약함을 통해 죄의 심각성을 알았고, 그리스도의 오심을 기다렸으며, 그리스도가 오셔서 율법을 완성하였다.

6. 성부의 정하신 때가 되자, 그리스도가 이 세상에 태어나셨다. 그는 우리에게 어떤 선함도 없는 죄인이라는 것을 밝히 보여주셨다. 그는 진실하신 분으로 하나님의 자비와 은혜를 우리에게 보여주셨다.

7. 그리스도는 우리의 생명, 진리, 평화, 의(義)이며, 우리의 목자, 변호자, 희생 제물, 제사장이다. 그는 우리의 구원을 위해 죽으시고 의를 위해 나시 살아나셨다.

8. 예수 그리스도 외에는 우리와 성부 하나님 사이에 어떤 중보자나 변호자가 없다. 동정녀 마리아는 거룩하고 겸손하고 은혜로운 분이다. 모든 성도들의 영혼은 하늘에서 그들의 육체가 심판 날에 다시 부활할 것을 기다리고 있다.

9. 저 세상에는 두 곳이 있다. 하나는 구원받는 자들을 위한 곳이고, 다른 한 곳은 벌방 받을 자늘을 위해 예비된 곳이다. 전자를 낙원, 후자를 지옥이라 부른다. 우리는 거짓된 적그리스도가 만들어 낸 연옥을 부인한다.

10. 종교적 목적으로 인간이 만든 모든 고안물들은 하나님 앞에 가증한 것들이다. 우리는 축일, 축일 전야, 성수(聖水), 특정한 날에 육체를 학대하는 고행 등을 부정하며, 미사를 혐오한다.

11. 적그리스도에게서 온 모든 인간적 고안물들, 즉 고해성사나 인위적 참회를 미워한다. 그것들은 인간의 마음을 빼앗는 것이다.

12. 성례는 성물을 상징하며, 불가시적 축복의 전형이다. 이런 상징이

나 형식이 신자들에게 필요하지만, 신자들은 이런 상징을 소유하지 않거나 없어도 구원을 받는다.

13. 세례와 성찬 외에는 다른 성례가 필요 없다.

14. 세속적 권력을 존중하고 세속의 통치자에게 복종하며 법을 엄수하고 세금을 납부해야 한다.

발도파는 성경 66권만을 신앙의 유일한 기초로 인정하였다. 예수 그리스도만이 유일한 중보자라고 고백했다. 연옥은 적그리스도에 의하여 고안된 것이라고 했다. 그리스도께서 정하신 성례는 세례와 성찬뿐이라고 했다. 그리고 세속권도 교회와 함께 하나님께서 세우신 기관이므로, 그리스도인은 세속 권세를 존중하며, 순종하며 세금을 바쳐야 한다고 했다. 발도파는 상식적이고 건강한 국가관을 가지고 있었다. 또한 발도파는 고해성사는 하나님께서 명하신 것이 아니라고 했다. 죄에 대한 고백은 인간 사제 앞에서가 아니라 살아계신 하나님 앞에서만 해야 된다고 가르쳤다. 예배를 드리는 동안에 사적인 대화를 금지했다. 예배시간에 가톨릭 여성들이 머리에 수건으로 머리를 가리는 것은 필요하지 않다고 했다. 참된 예배는 오직 요한복음 4장의 말씀처럼 신령과 진정으로 드려야 하며, 잘못을 행하는 기독교인들에게 권징을 행해야 한다고 했다. 결혼을 소중하게 여겼고, 평생 순결을 강요하는 가톨릭 교리는 극악무도한 것이라고 비난했다. 발도파는 성직자의 독신주의를 강하게 비판했다. 성직자 독신주의는 "생육하고 번성하라"는 하나님의 거룩한 명령에 정면으로 배치되는 아주 잘못된 발상이라고 비판했다. 그리고 자신의 사리사욕을 추구하는 고리대금은 하나님께서 금지하는 것이라고 했다. 발도파는 타락전 예정설을 주장했다.[40] 타락

40) 오덕교, 『장로교회사』 (수원시: 합신대학원출판부, 2014), 66-68.

전 예정설은 하나님께 가장 큰 영광을 돌리고 신자들에게는 구원의 확신과 함께 최고의 평안함을 주는 이점이 있다.[41)]

발도파는 그들이 작성한 교회의 권징에서 오늘날 장로교회가 고백하는 2직분 사상을 주장했다. 교회 직분을 장로와 집사로 구분했다. 집사의 직분은 가난한 자를 돌보는 것으로 규정했고, 장로는 교인들을 교육하고 살피는 것을 주된 업무로 규정했다. 장로는 회중의 영적인 상태를 부지런히 살펴야 했고, 목사를 도와서 교회를 섬기며 성도들의 잘못과 오류를 책망해야 했다. 발도파 교회에서 계급구조는 인정되지 않았다. 모든 목사와 장로는 동등한 권세를 가진다고 보았다.[42)] 그리고 발도파 교회도 각 지부의 노회 제도를 운영했고 각 노회를 통해서 교회 문제를 상의하고 해결해갔다.

발도파의 장로정치 사상은 로마 가톨릭의 주된 공격과 비판의 대상이었다. 가톨릭 교권주의자 애니아스 실비우스(Aneas Sylvius)는 발도파가 가톨릭교회의 계급주의를 부인하며 어떤 지위나 직분의 차이를 인정하지 않는 집단이라고 비판했다. 트리엔트 공의회가 개최되었을 때, 로마 가톨릭교회의 신학자 메디나(Medina)도 발도파가 주장해온 사제직의 평등 교리가 철저하게 정죄되어야 한다고 주장했다. 16세기 로마 가톨릭의 학자로 이름을 날린 추기경 로버트 벨라민(Robert Bellarmine)도 발도파가 로마

---

41) 영국의 청교도 신학자 윌리엄 퍼킨스(William Perkins, 1558-1602)는 그의 대표작 『황금 사슬』에서 타락전예정의 교리를 적극 지지했다. 퍼킨스는 예정교리는 기독교인의 삶이 자신감을 가지고 살아가는데 요구되는 평안과 확신을 제공해준다는 점에서 필수적이라고 했다. 그리고 그는 타락전예정은 하나님께 가장 큰 영광을 돌리고 신자에게는 최고의 평안함을 주는 이점이 있다고 했다. 그는 하나님의 예정을 강조함으로써 하나님의 은혜를 보호하고 나아가 구원에 대한 신자들의 확신을 위한 기초를 제공했다. William Perkins, *A Golden Chain*, 김지훈 옮김, 『황금 사슬』 (용인시: 킹덤북스, 2016), 105-106.

42) J. E. Rockwell, *Sketches of the Presbyterian Church* (Philadelphia: Presbyterian Board of Publication Sabbath School Work, 1854), 262-264.

가톨릭의 감독주의의 신적인 기원을 부인하는 이단 세력이라고 지적했다.[43)]

발도파는 목사를 목사와 교사로 나누었다. 목사직은 종신적이 아니었다. 만일 목사가 주의 일에 불충하고 죄를 범하였을 경우 출교하기도 했고, 설교권을 박탈하기도 했다. 노회는 목사와 각 교회에서 파송한 장로로 구성되었다. 장로 총대는 각 교회에서 2명 이하로 했고, 장로의 투표권은 한 표로 했다. 장로 총대 수를 제한 것은 큰 교회가 작은 교회를 지배하는 것을 금지함으로 교회 사이의 평등을 유지하기 위함이었다. 노회 업무의 원만한 처리를 위하여 한 명의 목사를 사회자로 세웠고, 사회자의 임기는 다음 회기까지로 했다. 그렇다고 해서 일반 회원과 다른 특별한 권세나 특혜가 주어지지 않았다. 모든 발도파 교회는 당회를 두었으며, 당회와 목사는 노회의 관할 아래 있었다. 발도파 목사들은 일 년에 한 번씩 노회로 모여 교회 문제를 논의하였다. 교회 헌금을 노회에 가져가면 장로들이 그 헌금을 받아서 보관하였다. 장로는 회중의 선거에의해 선출되었으며, 교회의 문제를 다루기 위해 일 년에 한 번씩 총회를 개최했다.[44)]

6. 종교개혁자들의 지지와 도움

16세기에 이르러 종교개혁이 일어나자 발도파는 적극적인 지지를 표명하였다. 그들은 대표단들을 루터에게 보내어 종교개혁을 응원하였다. 1530년에는 그들의 지도자 모렐(Morel)과 피터 메이슨(Peter Masson)이 스트

43) Samuel Miller, *Presbyterianism The Truly Primitive and Apostolic Constitution of the Church of Christ* (Philadelphia: Presbyterian Board of Publication, 1842), 18-19.

44) William P. Breed, *Presbyterianism* (Philadelphia: Presbyterian Board of Publication and Sabbath School Work, 1872), 16.

라스부르크의 개혁자 마틴 부처(Martin Bucer, 1491-1551)와 바젤의 종교개혁자 오이클람파디우스(Oecolampadius, 1482-1531)를 만나 종교개혁을 위한 도움을 구하였다.[45)]

1532년에는 상포랑 교회회의를 개최하여 종교개혁을 수용할 것을 전체적으로 결의하고 발도파 신앙고백서를 작성하였다. 그들은 로마 가톨릭교회가 부인한 예정교리를 다시 채택하고 성직자의 결혼을 허용하였다. 당시 로마 가톨릭교회에서는 성찬 시에 일반 평신도들에게는 포도주는 배제하고 떡 한 조각만 나눠주었다. 포도주는 성직자만 마시도록 규정되어 있었다. 하지만, 발도파는 이런 로마 가톨릭의 전통을 따르지 않았다. 발도파는 성직자와 동일하게 떡과 포도주를 모든 신자들에게 나누어 줄 것을 선언하였다.[46)] 당시로서는 아주 노선석이었고, 파격석인 처사였다. 이들은 16세기 종교개혁자들 앞서서 성경적 가르침을 바르게 이해했고, 성례전에서도 정통의 길을 앞서서 개척해 가고 있었던 것이다.

16세기에 발도파들은 초기 스위스 개혁자인 하인리히 불링거(Heinrich Bullinger,1504-1575)에게 영향을 끼쳤다. 다른 나라에 자신들과 비슷한 사고를 하고 있는 자들을 만나자 발도파들은 대부분 프로테스탄 종교개혁에 통합되었다. 1532년 9월 12일 챈포란(Chanforn)의 결정대로 그들은 공식적으로 칼빈주의 전통을 따르는 분파가 되었다. 1631년 초, 프로테스탄트 학자들과 발도파 신학자들은 발도파를 종교개혁의 선구자들로 간주했다. 그들은 가톨릭의 극심한 핍박 가운데서도 사도들의 신앙을 꿋꿋하게 유지했기 때문이다. 현대 발도파들은 칼빈주의자들과 핵심적 교리를 공유

---

45) 오덕교, 『장로교회사』 (수원시: 합신대학원출판부, 2014), 71.

46) George P. Hays, Presbyterians: A Popular Narrative of Their Origin, Progress, Doctrines and Achievements, (New York: J. A. Hill & Co. Publishers, 1892), 38.

하고 있다. 예를 들면 만인제사장주의, 회중정치, 성례에서 세례와 성만찬만 인정하는 것, 등이다.[47)]

종교개혁의 소식이 발도파들이 살고 있는 산악 지대에 전파되었을 때, 토볼라 지역에 살고 있던 발도파들은 프로테스탄트들과 교제하고자 결의했다. 1526년에 로잔에서 회합이 이루어졌다. 이 새로운 운동인 발도파를 조사하기 위하여 사절단 파견을 결의했다. 1532년 그들은 독일과 스위스 프로테스탄트들과 만났다. 그리고 개혁교회의 신조들을 채택했다. 스위스와 프랑스 개혁교회들은 윌리엄 파렐(William Farel, 1489-1565)과 안토니 소니에(Anthony Saunier)를 챈포란(Chanforan) 모임에 파송했다. 이 모임은 1532년 10월 12일에 열렸다. 윌리엄 파렐은 발도파들을 종교개혁 진영에 동참하도록 적극적으로 초청했다. 그리하여 모든 혐의를 벗어버리고, 정통신앙의 길을 자유롭게 걸어가도록 권면했다. 개혁주의 신조에 기초한 신앙고백을 하도록 했고, 발도파들은 프랑스에서 공개적으로 예배를 드리고자 결의했다. 존 칼빈의 도움으로 삐에르 로버트에 의해서 번역된 프랑스어 성경이 1535년에 출판되었다. 이 신약성경은 발도파들이 사용하는 자국어로 번역되었다. 발도파 교회들은 이 성경의 출판 비용을 감당하기 위하여 많은 양의 돈을 모금했었다.[48)]

칼빈의 수제자였던 데오도르 베자(Theodore Beza, 1519-1605)와 쯔빙글리의 수제자였던 헨리 불링거(Henry Bullinger, 1504-1575)도 이들과 교제하며 피차 은혜를 받고 서로를 격려하며 영향을 주고받았다. 특히 베자는 "발도파들은 우리 칼빈주의자들과 같은 노선을 추구하고 있다."며 적극적으로 변호해 주었다.[49)] 발도파들은 성경의 가르침을 탈선하여 잘못된

---

47) W https://en.wikipedia.org/wiki/Waldensians

48) W https://en.wikipedia.org/wiki/Waldensians

길로 나아가고 있었던 로마 가톨릭교회의 어둠을 밝히고 있던 빛의 사자들이었다. 잃어버린 하나님의 말씀을 회복하라고 외치는 당대의 선지자들이었다.

7. 메린돌의 대학살

피에몬트 바깥 지역에서 발도파들은 보헤미아에 있는 지역 프로테스탄트 교회에 합류했다. 발도파들이 그들의 은둔 생활을 벗어나서 그들의 진영을 변호하는 보고서들이 만들어졌다. 1545년 1월 1일에 프랑스 왕 프랑수아 1세는 메린돌의 발도파들을 체포하도록 왕명을 내렸다. 프로방스 지방의 발도파들을 진압하기 위하여 군대를 소집했다. 1545년 피에몬트에서 무자비하게 발도파 학살을 주도한 지도자는 첫 프로방스 국회의 의장인 오페데의 장 마니에(Jean Maynier d' Oppède)였다. 그리고 2천 명의 노련한 용사들과 함께 이탈리아 전투에서 돌아온 군사령관 안토니 에스카린(Anthony Escalin)이었다. 이들은 메린돌 계곡에서 수천 명의 발도파들을 무참하게 학살을 했고, 많은 마을들을 완전히 파괴해 버렸다.

극적으로 프랑스 정부와 발도파 간에 1561년 6월 5일 조약이 체결되었다. 이후로 메린돌 계곡의 프로테스탄트들에게 양심의 자유와 함께 자유롭게 예배할 수 있는 대사면이 이루어졌다. 감옥에 갇혔던 죄수들은 자유의 몸이 되었고, 망명자들은 고향으로 돌아가는 것이 허용되었다. 그러나 이 조약에도 불구하고 다른 지역의 프랑스 개신교도들과 함께 보(Vaux)의 발도파들은 여전히 1562-1598년까지 프랑스 개신교와 가톨릭 간에 종교전쟁 기간 동안 많은 고통을 겪었다.[50)]

49) W https://en.wikipedia.org/wiki/Waldensians

50) W https://en.wikipedia.org/wiki/Waldensians

1631년 초에 프로테스탄트 학자들은 발도파를 존 위클리프와 존 후스의 추종자들과 비슷한 방식으로 종교개혁의 선구자들로 간주했다. 존 위클리프와 존 후스도 성경의 바른 가르침을 좇아 정통의 기독교의 길을 갔지만, 가톨릭 당국자들에 의해서 많은 핍박을 받았다. 발도파는 프랑스 왕 앙리 4세가 1598년 낭트칙령 발표로 어느 정도 종교의 자유와 권리를 보장받았지만, 17세기에 이르러 다시 핍박을 받았다. 1655년 사보이 공작이 발도파를 이단으로 내몰고 박멸하고자 시도했기 때문이다. 이 사건은 발도파들이 유럽의 여러 지역으로 탈출하게 했고, 지구의 서반구로 분산시켰다.[51)]

8. 피에몬트의 학살 사건

1655년 사보이 공작은 일방적으로 발도파들에게 가톨릭 미사에 참석하도록 명령을 하달했다. 그렇지 않으려면 앞으로 20일 이내에 그들의 고향인 피에몬트 계곡을 떠나가라고 명령했다. 한창 추운 겨울 날씨에 이 명령을 전달한 것은 보(Vaux) 주민들을 미사에 참석하도록 설득하기 위한 방편이었다. 그런데 놀랍게도 그 계곡에 살고 있는 발도파들은 가톨릭의 미사에 참석하기보다는 그들의 집과 전답을 버리고, 사람이 살 수 없는 더 높은 계곡으로 처소를 옮겨갔다. 이들은 우상과 미신이 뒤섞여 있는 거짓 종교와 타협하기보다 고난과 핍박의 좁은 길을 선택했다. 발도파들 중에 늙은 사람도, 여성들도, 어린이들도 심지어 병자들까지도 차가운 얼음물을 통과하며 앞으로 나갔고, 눈 덮인 얼음산을 기어올라가야 했다. 마침내 그들은 더 가난한 형제들이 살고 있던 위쪽 계곡의 발도파 거주지에 도착했

51) W https://en.wikipedia.org/wiki/Waldensians

다. 그곳에서 그들은 다른 발도파들에 의해 따뜻한 환대를 받았다. 4월 중순, 발도파들을 가톨릭으로 귀속시키고자 했던 사보이 공작의 노력이 수포로 돌아가게 되었을 때, 그 공작은 다른 접근을 시도했다. 보(Vaux)의 사람들이 폭동을 일으킨다는 잘못된 보고를 듣고 그 공작은 위쪽 계곡에 살고 있는 발도파들을 제거하기 위해 군대를 동원했다. 1655년 4월 24일 새벽 4시에 대량학살을 명령했다.

공작은 자기 휘하의 군대들에게 악마적인 행동을 용인했다. 그 공작은 자기 병사들에게 마음대로 재산을 약탈해도 좋고, 성폭행을 좋고, 고문해서 죽여도 좋다고 했다. 공작의 명령이 떨어지자, 그 병사들은 악마의 사신이 되어 날뛰었다. 어머니 품에 있는 아기들을 빼앗아 찢어 죽였다. 어린이들을 하늘 높이 치켜들었다가 바위로 내리쳐 두개골이 깨져 죽게 했다. 병사들은 무력으로 발도파들의 사지를 찢어 죽이기도 했다. 칼로 생선회를 치듯이 난도질하며 토막 살인을 했다. 조각낸 시체들을 산과 들에 내던지며 동물의 먹이가 되게 했다. 병자들과 나이 많은 노인들은 산채로 불태워죽였다. 손과 발을 칼로 절단한 후에 그 몸을 불에 구워서 피가 멎게 하며 그 고통을 극대화시켜 죽게 했다. 어떤 사람은 산채로 피부 껍질을 벗겨 죽였다. 어떤 사람은 산채로 동물 통구이 요리하듯이 불에 구워 죽였다. 어떤 사람은 칼로 배를 가르고 창자를 끄집어내어 죽였다. 어떤 사람은 자신들의 괴수 원외 나무에 매달은 다음에 그들의 심장을 칼로 오려내어 죽게 했다. 어떤 군인들은 발도파의 시신을 훼손해서 물에 끓여서 죽게 했고, 그 사람의 고기를 먹기도 했다. 악마의 영에 사로잡힌 군인들은 발도파를 자신들이 경작하는 밭에 엎드리게 한 다음, 쟁기질을 해서 흙으로 덮어버렸고, 식물의 거름이 되게 했다. 어떤 사람은 산채로 땅에 파묻었다. 아버지가 자기 아들의 머리를 죽기까지 밟도록 했다. 어떤 아버지는 자기

딸이 군인들에 의해 성폭행당하는 그 광경을 두 눈으로 목격하게 했다. 이 잔인무도하고 천인공노할 살육사건을 일컬어 피에몬트 부활절 만행이라고 부른다. 그때 약 1700명의 발도파들이 그렇게 처절하게 순교를 당했다. 이들의 만행 소식은 전 유럽의 기독교인들은 분노했다. 북유럽의 개신교 지도자들은 남아 있는 발도파들에게 피난처를 제공했다. 영국의 청교도 지도자 올리버 크롬웰(Olive Cromwell, 1599-1658)은 발도파를 대신해서 기고문을 썼다. 전 영국민들에게 발도파들을 위해서 금식기도 해달라고 부탁했다. 그리고 프랑스 왕에게 이 잔인무도한 핍박을 중지하지 않으면 군대를 파병하여 복수하겠다고 위협했다. 이 악마적인 학살 사건은 영국의 문학가 존 밀튼으로 하여금 발도파를 애도하는 시를 쓰게 했다. 스위스와 네덜란드 칼빈주의자들은 발도파들을 자신들의 나라로 구출해오고자 비상한 노력을 경주했다. 네덜란드 암스텔담의 고위 관리들은 생존한 발도파들을 운송해 오기 위해서 세 척의 배를 전세 내기도 했다. 이리하여 167명의 발도파들을 1656년 성탄절에 신세계의 식민지로 옮겨올 수 있었다. 남부 프랑스와 피에몬트 계곡에 남아 있던 발도파들은 농부 출신인 여호수아 잔나벨에 의해서 게릴라군을 형성하여 정부군과 맞서 싸웠다. 이렇게 하여 1660년까지 게릴라 전투는 계속되었다.[52]

9. 낭트 칙령의 취소와 영광스런 귀환

1685년 루이 14세는 프랑스에서 1598년 앙리 4세에 의해서 공표되었던 낭트 칙령을 취소했다. 낭트 칙령으로 인해 프랑스의 개신교도들은 종교의 자유를 보장받았었다. 프랑스 발도파들이 살고 있는 지역에 프랑스

---

52) W https://en.wikipedia.org/wiki/Waldensians

왕은 군대를 파견하여 1만 8천 명의 보(Vaux) 주민을 강제로 가톨릭으로 개종시키고자 했다. 이때 3천 명의 발도파들이 독일 지역으로 도망을 갔다.

새롭게 공작이 된 루이 14세의 사촌인 빅토로 아마데우스 2세는 피에몬트 계곡에 살고 있는 발도파들을 제거하는 정책에 적극 동참했다. 재개된 박해와 30년 전 그 처절했던 피에몬트 부활절 살육사건의 되울림과 함께 그 공작은 1686년 1월 31일 칙령을 발표했다. 그 칙령은 무시무시했다. 보(Vaux) 지역의 모든 발도파 교회들을 파괴할 것을 명령했고, 그곳에 살고 있는 모든 사람들은 15일 이내에 자신들의 신앙이 잘못되었음을 공개적으로 고백할 것을 명령했다. 그렇게 하지 않으면 죽음의 심판을 면치 못할 것이라고 했다. 그러나 보(Vaux) 지역의 발도파들은 물러서지 않고, 저항하며 그 자리를 지켰다. 15일 후에 9천 명의 프랑스 군대가 동원되어 피에몬트 계곡으로 진군해 들어왔다. 그중에 피에몬트 계곡의 지리를 잘 아는 그 지역 출신 군인들도 합세했다. 보(Vaux) 지역에 살고 있던 발도파들은 이번에는 당하고만 있지 않았다. 그들은 방어군을 조성했다. 발도파 방어군은 프랑스 군대를 궁지에 빠뜨렸다.[53)]

4월 9일 사보이 공작은 새로운 칙령을 발표했다. 앞으로 8일 이내에 모든 무기를 내려놓고 4월 21-23일 사이에 망명을 가도록 인허했다. 할 수만 있다면, 발도파들이 자신들의 땅과 재산을 높은 가격에 팔 수 있도록 허용했다. 발도파 목사 헨리 아르노드(Henry Arnaud, 1641-1721)는 일찍이 피에몬트 계곡에서 추방되었다가 네덜란드에서 되돌아 왔다. 4월 18일 대다수의 무장한 발도파들을 선동하는 연설을 했다. 공작이 제안한 휴전이 4월 20일 만료되었을 때, 발도파들은 전투 준비를 했다. 그들은 6주간 공작의

53) W https://en.wikipedia.org/wiki/Waldensians

군대를 대항해서용감하게 싸웠다. 그 시간에 공작은 6월 8일까지 이탈리아 투린 지역에서 휴가를 즐기고 있었다. 전쟁은 종식된 것 같았다. 2천 명의 발도파들이 죽음을 당했다. 다른 2천 명은 트렌트 공의회의 가톨릭 신학을 수용했다. 다른 8천 명은 감옥에 투옥되었다. 그중에 반 이상이 감옥에서 굶주려 죽었다. 가톨릭 집단은 의도적으로 발도파들을 굶겨 죽였다. 병으로 죽은 사람도 많았다. 이삼백 명 정도 보(Vaux)의 주민들이 정부군의 공격을 피해서 더 높은 산악 지대 계곡으로 도망을 갔다. 그들은 보(Vaux) 지역을 장악하고 있는 정부군을 대항해서 다음 해까지 게릴라 전투를 계속했다.

이 천하무적의 발도파 게릴라 전투 대원들은 공작으로 하여금 마음을 돌리게 했고, 협상 자리에 나오게 했다. 발도파의 용맹한 전사들로 인해서 감옥에 투옥되었던 보(Vaux)의 주민들이 석방되었고, 제네바까지 통행의 안전을 보장받았다. 1687년 1월 3일에 이런 허락을 하면서도 사보이 공작은 보(Vaux)의 발도파들이 즉시 그곳을 떠나거나 가톨릭으로 개종하도록 요구했다. 이 칙령은 2800명의 보(Vaux)의 발도파들이 피에몬트 계곡을 떠나서 스위스 제네바로 떠나게 했다. 그중에 2490명의 발도파들이 그 여정에서 살아남았다. 헨리 아르노드 목사와 다른 생존자들은 유럽의 개신교 진영에 도움의 손길을 요청했다. 그는 제네바에서 네덜란드의 윌리엄 오렌지 총독에게 직접적인 도움을 요청했다. 또 발도파 중에 몇 사람을 영국과 다른 나라에 보내어 도움을 요청했다. 네덜란드의 윌리엄 총독은 발도파의 요청을 받고 기뻐했다. 프랑스가 네덜란드 전 지역을 침범하는 만행을 그동안 견디기 힘들었는데, 이번 기회에 프랑스를 대항하는 구실로 삼고자 했다. 윌리엄 오렌지 총독은 1686년 아우구스부르크 동맹을 결성했다. 1689년 8월에 아우구스부르크 동맹과 프랑스 간에 전쟁 중에 헨리 아르노드 목사는 천 명의 스위스 난민으로 구성된 발도파 군대를 이끌고 피에몬트 계곡으로 돌아왔다. 그때 발도파 군대는 네덜란드에서 제공된 신식 무기로 무장하고 있었다. 그 군대의 삼분의 일이 130마일을 이동하는 사이에 죽었다. 그들은 피에몬트 계곡에 그들의 진지를 새롭게 재건했고 가톨릭 정부군 잔류자들을 성공적으로 몰아냈다. 그러나 오래지 않아 그들은 추가된 프랑스 정부군에 의해서 포위되었다.[54)]

1689년 3월 2일, 단지 삼백 명의 발도파 군대만 생존했었다. 발도파 군대는 대포로 무장한 4천 명의 프랑스 군인들에 의해 밸시글리아라 불리는 높은 계곡에 갇혀 있었다. 프랑스 정부군은 마지막 대 습격을 벼르고 있었다. 하지만 강력한 폭풍이 몰아쳤고, 주변이 빼곡한 구름으로 덮여 있어서 공격이 지연되었다. 프랑스 사령관은 다음날 아침까지 발도파를 박살을 내고 자기의 임무를 완수할 수 있다고 확신하고 있었다. 그는 파리의 왕궁에 전갈을 보냈다. 발도파 군대는 산악 계곡에 완전히 포위되어 있고, 내일 새벽이면 이들을 완전히 전멸하게 될 것이라고 보고했다.

그러나 다음날 아침에 프랑스 군대가 잠에서 깨어났을 때, 발도파 군대는 한 명도 남지 않고, 밸시글리아 높은 계곡을 다 빠져나가버린 사실을 뒤늦게 알게 되었다. 밸시글리아 계곡의 지형을 너무나 잘 알고 있었던 발도파는 그날 밤에 계곡의 다른 길로 몰래 빠져나와 멀리 멀리 도망을 갔던 것이다. 부랴부랴 프랑스 군대는 발도파를 추격했다. 하지만 며칠이 지나지 않아 사보이 공작의 정치적 동맹이 마음을 바꾸어서 프랑스에서 아우구스부르크 동맹으로 가담해버렸다. 이로 인해 프랑스 정부군은 발도파를 추격하는 일을 멈추게 되었다. 마침내 사보이 공작은 발도파들을 보호할 것을 동의했다. 그리고 망명 생활을 했던 모든 보(Vaux) 지역의 주민들이

54) W https://en.wikipedia.org/wiki/Waldensians

고향으로 돌아오도록 약속을 했다. 이 사건은 영광스러운 귀환(Glorious Return)으로 알려지고 있다.[55)]

10. 프랑스 혁명 후의 종교의 자유

프랑스 혁명 후에, 피에몬트 발도파들은 양심의 자유를 획득했다. 1848년 사보이의 지도자 찰스 알베르트는 발도파들에게 시민의 권리를 허락했다. 신앙의 자유를 즐기면서 발도파들은 그 계곡을 벗어나 다른 지역으로 이주하기 시작했다. 이탈리아 통일 시점에 발도파들은 이탈리아 반도에서 전국적인 총회를 개최했다. 하지만 가난과 사회적 차별을 받아야 했고, 이로 인해 많은 발도파들이 돈을 벌기 위해서 프랑스와 스위스로, 후에는 남미 우르과이와 아르젠티나로 이민을 갔다. 후에는 미국으로도 많은 사람들이 이민을 갔다. 시간이 경과하면서 이탈리아에 남아 있었던 발도파들은 상류 사회로 진출하기도 했다.

특히 튜린 지역 초콜릿 산업은 19세기 후반까지 발도파들이 주도하고 있었다. 발도파들은 초콜릿 산업으로 돈을 많이 벌었고, 거액의 장학금을 준비했다. 1855년 발도파들인 토레 펠리스(Torre Pellice)에 세운 대학에서 많은 목사들을 훈련하여 배출했다. 몇 년 후에, 발도파가 세운 대학은 플로렌스로 옮겼다. 그리고 1922년에는 로마로 옮겼다. 경제가 발전하고 사회적 통합이 이루어지면서 발도파들은 이탈리아 사회의 차별 없이 적응하게 되었다. 발도파 교회들은 지성인들에게 매력을 얻게 되었고, 새로운 지지자들과 우군들을 확보해갔다. 심지어 발도파가 아닌 이탈리아 사람들이 발도파 모임에 재정적인 지원을 하는 경우도 많았다.[56)]

---

55) W https://en.wikipedia.org/wiki/Waldensians

11. 발도파들의 현재 상황

오늘날 발도파들은 유럽 프로테스탄트 공동체의 일원이며 전 세계적으로도 회원으로 활동하고 있다. 이 운동의 주요 명칭은 발도파 복음주의 교회(Waldensian Evangelical Church)이다. 그 최초의 교회는 이탈리아에 있다. 1975년 연합 감리교와 발도파 교회 간에 통합이 있었다. 다른 대규모 발도파 회중들이 아르젠티나와 파라과이와 우르과이에 있다. 발도파 회중들이 오늘날에도 유럽에서 활동을 계속하고 있다. 특히 이탈리아 북부 피에몬트 고원지대에서 활발하게 활동하고 있다.

그리고 남 아메리카와 북아메리카에서도 활발하게 활동하고 있다. 미국 발도파 협회(American Waldensian Society)와 같은 조직은 오랫동안 활발한 운동을 계속하고 있다. 미국 협회는 기독교 복음을 전파하고, 소외 계층을 섬기며, 사회적 정의를 신장시키며, 다른 종교간의 협력 사업을 하며, 종교의 다양성과 양심의 자유를 존중하는 운동을 펼치는 것을 자신들의 사명임을 선포하였다.[57]

프랜시스 교황의 사과

2015년 튜린의 발도파 교회에 역사적인 방문이 있었다. 가톨릭교회의 수장인 프랜시스 교황이 발도파 교회를 방문해서 발도파 신자들에게 역사 가운데 있었던 가톨릭교회의 무자비한 발도파 핍박을 용서해 달라고 간청했다. 교황은 가톨릭의 고압적인 자세와 무자비한 만행에 대해서 용서를 구했다.

---

56) W https://en.wikipedia.org/wiki/Waldensians

57) W https://en.wikipedia.org/wiki/Waldensians

현대 발도파 교회의 특징

현재 발도파 교회는 울리히 쯔빙글리(Uldrych Zwingli, 1484-1531)와 존 칼빈(John Calvin, 1509-1564)에 의해서 형성된 전통적인 개혁주의 개신교회의 일원이 되었다. 1655년에 발표된 발도파의 신앙고백서는 1559년 개혁주의 제네바 신앙고백서에 기초해서 만들어졌다. 발도파는 성례 중에 세례와 성만찬만을 인정한다. 그 단체의 최고의 권위는 매년 열리는 공의회에 의해서 실행된다. 성도 개개인의 문제들은 목사의 대표가 주재하는 교회회의에서 처리된다. 수 세기 동안 발도파 교회들이 프랑스를 넘어서서 남미의 우르과이와 아르젠티나와 미국에서 세워졌다. 그 교회들은 발도파가 지향하는 목적에 충실했다. 현대의 발도파 교회들은 그 조상들의 영적 유산과 그 고결한 정신을 되살리고 복음을 선포하고 있다. 오늘날 발도파 교회는 세계 개혁교회 연합의 회원이며, 세계 감리교 협회의 회원이며, 이탈리아 복음주의 연맹의 회원이며, WCC(the World Council of Churches)의 회원으로 활동하고 있다.[58)]

12. 개신교에 의한 평가와 활약상

일찍이 프로테스탄트들은 발도파와 영적인 친족 관계임을 느끼고 있었다. 마틴 루터에 의해서 종교개혁의 불길이 타올랐을 때, 이들은 종교개혁을 쌍수로 환영했고 적극적인 지지를 했다. 칼빈의 수제자였던 데오도르 베자와 쯔빙글리의 수제자였던 헨리 불링거도 이들과 교제하며 피차 영향을 주고받았다. 특히 베자는 적극적으로 발도파들을 변호해 주었다. "발도파들은 우리 칼빈주의자들과 같은 노선을 추구하고 있다." 며 대적자들의

58) W https://en.wikipedia.org/wiki/Waldensians

입을 봉쇄했다.[59] 실낙원을 집필한 영국의 위대한 작가 존 밀턴(John Milton, 1607-1674)은 1655년 발도파들을 무자비하고 잔인하게 핍박하는 자들을 향하여 "피에몬트 학살"라는 제목으로 이런 글을 남겼다. "주여, 무자비하게 학살당하는 당신의 성도들을 위해서 복수하소서. 저들의 뼈가 추운 알프스 산맥에 널려 있나이다."[60]

독일에서 프로테스탄트 신학은 발도파에 의해서 표현된 신학적 소산과 사도적 연속성이 있음에 흥미를 가졌다. 공동체의 높은 자립성과 평신도의 설교 허용, 그리고 자발적 청빈과 엄격한 성경주의 등이다. 더 나아가 피터 발도에 의해서 자국어로 성경을 번역하고 성경에 기초한 신앙고백을 한 것은 프로테스탄트의 물길을 여는 놀라운 일이었다. 지그문드 야곱(Siegmund Jakob)은 이탈리아 발도파 디아스포라 공동체를 헌신적으로 지원한 독일 프로테스탄트이다. 그는 "발도파는 모든 교회들 중에 가장 흥미롭고 인상적인 교회들 중에 하나이다."라고 칭송했다. 발도파가 성경의 가르침 외에 신학의 틀 속에 갇혀 있지 않은 자유로운 영혼들임을 높게 평가했다. 그러했기에 이들은 광범위한 재정적인 지원을 할 수 있었고, 대출을 해주기도 했으며, 목회자들을 상호교환하기도 했다. 여러 선교사들을 지원하기도 했고, 많은 자선을 사업을 벌이기도 했다. 더 나아가 이탈리아 발도파들의 정치적인 신장(伸張)을 위해 지원을 아끼지 않았다. 2차 세계대전 후에 독일 복음주의 교회는 발도파 공동체와 연계되어 있는 이탈리아와 프랑스와 화해하기 위해서 적극적인 노력을 펼쳤다.

1949년에 밀라노에도 발도파 교회가 세워졌다. 수 세기 동안 헤아릴 수

---

59) W https://en.wikipedia.org/wiki/Waldensians

60) Philip Schaff, *History of the Christian Church*, vol. 5. (Peabody: Hendrickson Publishers, 2011), 499.

없이 많은 가혹한 핍박을 받은 후, 1848년에 마침내 피에몬트 사르디니아 영토에서 법적인 자유를 얻었다. 이어서 발도파 복음주의 교회가 이탈리아 반도에서 성장 발전하게 되었고 세력을 넓혀갈 수 있었다. 발도파 교회는 이탈리아 시칠리아 섬을 비롯하여 가난한 계층들이 사는 지역에 학교를 세워서 교육 사업을 펼쳤다. 이로 인해 많은 개종자들을 얻게 되었다. 시칠리아 섬 남쪽 그로테(Grotte)에 발도파 교회가 세워져 있다. 독일 개신교회에서 17세기 이후 이탈리아 발도파 교회들에 재정적인 지원을 계속했다. 2차 세계 대전 중 히틀러의 나치당이 북이탈리아를 지배하고 있을 무렵 이탈리아 발도파들은 절박한 죽음의 위기 상황에 처한 많은 유대인들을 그들의 조상들이 생존을 위해서 피신해 숨어 살았던 그 산악 지대 계곡에 많은 유대인들을 피신시켜 생명을 구해 주었다.[61]

1945년 이후, 뷔르텐베르크 주교였던 테오필 부름(Theophil Wurm)이 주도하고 있는 독일 복음주의 교회에서 슈투트가르트 선언을 발표했다. 디아스포라들에 관계된 이탈리아와 프랑스와 화해의 노력을 적극적으로 하자는 내용이었다. 1948년 사보이 왕가의 100주년 축제에 『시민의 권리 선언』이 2차 세계대전 이후에 독일과 이탈리아 간에 화해를 촉진하는 일환으로 쓰이게 되었다. 발도파 대표단들과 함께 가장 의미 있고 결실 있는 협력이 이루어졌다. 1949년 발도파의 지도자인 페스코(Guglielmo Del Pesco, 1889-1951)가 발도파의 독일 이주 250주년 기념일에 마울브론(Maulbronn)에 초대를 받았다. 하지만 건강이 여의치 않아 참석하지 못하고, 잘라(A. Jalla)라는 한 교사가 대신 참석하여 서로 간에 화해의 노력을 하였다. 독일 구스타프 아돌푸스 연합(Gustavus Adolphus Union)은 현재까지 이탈리아에서 진행되고 있는 발도파들의 다양한 계획과 자선 행위를

61) W https://en.wikipedia.org/wiki/Waldensians

적극적으로 지원하고 있다.

1975년 발도파 교회는 이탈리아 감리교 복음주의 교회와 연합하고 있다. 회원 수는 5만 명 정도이다.[62)]

남미의 발도파

1856년에 최초로 발도파들이 이탈리아를 떠나 남아메리카에 정착했다. 그때로부터 남미로 몇차례 이주 행렬이 있었는데, 특히 아르젠티나에도 발도파들이 진출했다. 아르젠티나와 우루과이에 현재 40개의 교구가 있고, 15,000명 정도의 발도파들이 활동하고 있다. 우루과이 발도파들도 가난한 사람들을 위한 자선사업을 힘써 펼치고 있다. 이런 자선사업으로 인해서 새로운 개종자들이 생겨나고 있다. 브라실에도 얼마의 발도파들이 존재하고 있다. 그들은 지역 개신교 교회들과 같이 협력 사업을 하고 있다.[63)]

미국의 발도파

발도파 장로교회가 북 캐롤라이나에 있다. 이 교회 회중은 미국 장로교에 소속되어 있다. 미국 식민지 시대 이후에 많은 발도파들이 미국에 정착했다. 그들은 현재 뉴저지와 델라웨어에 많이 있다. 많은 발도파들이 그들의 고향 땅에서 핍박을 피해서 관용적인 네덜란드로 피신해갔고, 대서양을 횡단하여 새로운 네덜란드 식민지로 진출했다. 미국의 뉴욕이 처음에는 네덜란드 소유의 섬이었다. 그래서 뉴암스텔담으로 불렸다. 영국이 1644년 네덜란드와의 전쟁에서 승리하면서 이곳을 점령했고, 그 후부터 뉴욕으로 불렸다. 1670년에 뉴욕의 맨 끝자락에 있는 스태튼(Staten) 섬에 북아메리

62) W https://en.wikipedia.org/wiki/Waldensians

63) W https://en.wikipedia.org/wiki/Waldensians

카 최초의 발도파 교회가 세워졌다. 19세기에 많은 이탈리아 사람들이 미국으로 이주해 왔는데, 그중에 적잖은 발도파들도 섞여 있었다. 그들은 뉴욕, 보스톤, 시카고, 모네트 미주리, 텍사스의 갈베스톤, 유타 주에 정착을 했다. 모네트 총회가 1875년에 미국에서 처음으로 이루어졌다.

우루과이에 많은 발도파들이 진출해 있었는데, 그곳에 내전이 발생을 했다. 발도파들은 폭동과 폭력을 피하여 유럽으로 다시 돌아가고자 했다. 북대서양을 횡단해서 유럽으로 돌아가려다가 뉴욕에 도착하게 되었고, 그곳에서 기차를 타고 남쪽 미주리에 도착했다. 지치고 피곤했던 오랜 여정을 끝내고 미주리에서 자신들의 안식처를 확보했다.

북이탈리아 지역에 위치해 있는 코티안 알프스에 살고 있던 발도파들은 1900년 초까지 미주리 남서쪽에 위치한 모네트(Monett)에 계속해서 이주해 왔다. 1893년에 북캐롤라이나에도 많은 발도파들이 이민을 왔다. 미주리에 살고 있던 발도파 교회는 공식적으로 발도파 장로교회로 불렸다.

1853년에 남자와 여자와 어린이들을 포함해서 약 70명의 발도파가 피에몬트 계곡의 자기 집을 떠나서 유타주 오그던으로 이주를 했다. 발도파들은 자신들의 문화적 유산을 계승했다. 미국 발도파 지원 협회(AWS)는 기금을 조성해서 이탈리아를 비롯해서 세계에 흩어져 있는 발도파들을 지원하고 있다. 미국 발도파 협회는 최근에 뉴욕에서 100주년 기념 총회를 개최했다. 1920년 이후 대부분의 발도파 교회들과 선교사들은 2-3세대를 거치면서 문화적으로 거의 동화되었고, 장로교회로 통합되었다. 미국 발도파 협회의 사역은 오늘날도 미국 사회에서 계속되고 있다. 미국 발도파 협회는 이탈리아와 남아메리카와 북아메리카에 있는 발도파 교회들과 대화하며 협력관계를 증진시키는 데 목적을 두고 있다. 미국 발도파 협회는 발도파들의 영성이 스며있는 역사적 유산을 현세대를 살고 있는 사람들에게 알리며, 서로 간의 접촉점을 찾고 격려하며, 재정적인 지원을 아끼지 않고 있다.

미국에서 가장 잘 알려진 발도파 교회는 뉴욕과 미주리 모네트와 북캐롤라이나에 있다. 미국 발도파 협회는 발도파의 역사와 문화를 알리고 신장시키는 데 지원하고 있다. 그 협회는 발도파의 후손들 중에 천년의 유산을 보존하고 알리는 자들과 동맹하고 있다. 미국 발도파 장로교회들과 미국 발도파 협회는 이탈리아에 있는 발도파 복음주의 교회와 긴밀하게 협력하고 있다. 미국 발도파 협회는 남아메리카 발도파 공동체와는 달리 유럽 발도파 조직과는 별도로 독립된 조직을 운영하고 있다.[64)]

독일 페루즈(Perouse)의 발도파

수천 명의 발도파들이 이탈리아와 프랑스에서 탈출해서 독일로 갔다. 피에몬트 발도파 목사요 지도자였던 헨리 아르노드(Henri Arnaud, 1641-1721)는 사보이 공작 빅토르 아마데우스 2세(Victor Amadeus II)의 핍박으로 흩어지는 발도파 신자들을 구출했다. 뷔르템베르크(Württemberg)의 공작 에브하르드 루이스는 그의 영지에 발도파들을 초청했다. 발도파들이 두 번째 망명을 했을 때, 아르노드 목사는 스위스의 세넨베르크(Schönenberg)로 이주할 때 그들과 동행했다. 그리고 죽을 때까지 그들의 목회자로 활약했다. 독일에 머물렀던 발도파들은 오래지 않아 독일 루터교에 흡수되었다. 그들은 독일 복음주의 교회의 일원이 되었다.

헨리 아르노드(Henri Arnaud)의 집은 오늘날 박물관이 되었다. 그 박물관 내에 한 코너에는 발도파들에 의해서 뷔르템베르크에 감자 재배법이

64) W https://en.wikipedia.org/wiki/Waldensians

소개되었다고 기록하고 있다. 몰브론(Maulbronn)은 발도파들의 독일 이주 250주년 기념 축제가 열린 곳으로 유명하다. 이 회합으로 인해 2차 세계 대전 이후 독일과 이탈리아 간에 화해를 이루는 중요한 역할을 했다. 발도파 공동체는 지금도 매우 활동적이다. 발도파의 특별한 유산과 전통을 보존하는 다양한 협회가 있고, 이탈리아와 남아메리카와 미국의 발도파 지체들과 좋은 관계성을 유지하고 있다.[65)]

13. 발도파에 대한 총평

발도파는 영적 흑암이 가득했던 중세시대에 칠흑 같은 어둠을 밝히는 영적 등대 역할을 감당했다. 16세기 종교개혁자들 앞서서 가장 성경적인 바른 믿음의 길을 개척해 갈던 위대한 신앙 인물들이었다. 그런데 성경의 가르침을 벗어나 교권주의와 잘못된 교황제에 노예 된 자들에 의해 발도파는 이단으로 몰려 말할 수 없는 박해와 핍박을 당했다. 그들은 성경의 가르침을 좇아 바른 믿음의 삶을 살고자 힘썼기에 거짓된 교리와 우상 숭배의 혼합물이 뒤섞여 있는 로마 가톨릭 교회와 충돌할 수밖에 없었다. 발도파는 사도들이 이끌었던 초대 교회와 같이 주님의 말씀에 단순히 순종하며 소박한 신앙생활을 지향했던 사람들이었다. 그들은 성경의 가르침을 가감하지 않았고, 그 말씀에 순종하여 살고자 최선을 다한 사람들이었다. 성경의 심각한 왜곡과 거짓되고 변질된 가르침과 교회 전통을 좇아 사는 것이 신앙생활인 줄 착각하고 살던 시대에, 어둠을 밝히는 등불처럼 시대를 앞서가며, 의롭고 바른 신앙생활을 추구했던 무리가 바로 발도파였다. 발도파가 카타리파로도 알려진 알비파와 거의 비슷한 시기에 활동을 했기

65) W https://en.wikipedia.org/wiki/Waldensians

때문에 알비파와 같은 류(類)의 이단으로 몰려서 극심한 박해를 받지만, 발도파는 결코 이단이 아니었다. 그들은 종교개혁자들 앞서서 성경의 가르침대로 바른 믿음의 삶을 살고자 거룩한 믿음의 싸움을 싸우며 신앙의 지조와 절개를 지켜왔던 개신교의 선구자들이었다.

로마 가톨릭 당국자들에 의해 이루 다 헤아릴 수 없는 박해를 받아왔지만, 발도파의 수는 점점 더 증가했다. 발도파가 세상 사람들의 주목을 받게 된 것은 그들이 성경을 애독하고 부지런히 설교하는 것 외에도 자발적으로 검소하고 청빈한 삶을 살았기 때문이다. 발도파 사람들은 청빈 서약을 한 수도사처럼 살았다. 그들의 청빈한 삶과 순결한 이미지는 대중의 주목과 존경을 받을 뿐만 아니라 기득권을 가진 사람들의 관심과 호의를 얻게 되었다.

발도파는 성자숭배, 성자유품 숭배, 성상숭배가 성경적이지 않다고 하여 거부했다. 발도파는 부패한 성직자들이 집례하는 성례의 효능을 의심했다. 발도파는 산상수훈에 근거하여 맹세와 사형을 금지했다. 그리고 발도파는 사람이 죽으면 영혼이 육신에서 빠져나와 즉각적으로 천국이나 지옥에 간다고 믿었다. 그러므로 연옥 교리는 잘못된 것이며, 죽은 자를 위한 기도는 무의미하다고 확신했다. 발도파는 자신들을 교회 내의 교회, 선별된 무리로 간주했다. 그들은 로마 교회를 바벨론의 음녀라고 비판했다. 그리고 교황청을 거짓의 집이라고 불렀다.[66]

그리고 기존 교회의 금식과 축제일에 대한 규례를 거부했고, 사제 앞에서 하는 참회의 고백, 즉 고백성사를 옳지 않다고 했다. 사제를 통하지 않고, 성도가 직접적으로 하나님께 나아가 용서를 구해야 한다고 믿었다. 발

---

66) Philip Schaff, *History of the Christian Church*, vol. 5. (Peabody: Hendrickson Publishers, 2011), 503-505.

도파는 죽은 성자들에게 기도하는 것을 강력히 거부했다. 인간 교황이 성인으로 추대한 성자가 기적을 일으킨다고 하는 것은 터무니없는 주장이라고 했다. 발도파는 관례화된 가톨릭의 성자의 축일, 성모의 축일, 사도의 축일을 지킬 필요가 전혀 없다고 했으며, 참된 회개는 살아있을 때 해야 하며, 죄 사함도 살아 있는 사람이 진실한 회개를 통해서 얻게 된다고 확신했다. 발도파 사람들은 금욕적인 면이 조금 지나쳤다. 열성파들은 월, 수, 금요일에 금식을 했다.[67] 오늘날 관점에서 볼 때, 이들의 지나친 금욕적인 면은 재고가 필요하다. 발도파는 로마 가톨릭교회가 임의로 정해 놓은 금식일을 무시하고 식사를 했으며, 사순절에 육고기를 먹지 않는 규례를 깨고 자유롭게 고기를 곁들인 식사를 했다. 그들은 그리스도께서 육고기를 먹지 않는 모범을 보인 바 없으며, 금한 바 없다고 주장했다. 발도파는 마리아에게 올리는 기도문을 외우지 않는 대신에 주기도문을 자주 외었다. 그들의 기도는 로마 가톨릭교회가 기도문 형식에 얽매여 하는 기도와 달랐다. 그들의 기도는 형식적이지 않았고, 어떤 경우에도 마리아나 성자들에게 기도하지 않았다. 그들은 오직 하늘에 계신 하나님 아버지의 이름을 부르며 하나님께 직접 기도했다.[68]

발도파는 신앙의 강직한 면이 있었다. “하나님 앞에서 너희의 말을 듣는 것이 하나님의 말씀을 듣는 것보다 옳은가 판단하라.”(행4:19절) 이 말씀을 즐겨 인용하면서 본인들의 소신을 좇아서 신앙생활을 했다. 이 견해를 가톨릭 당국자들은 교황과 고위 성직자들의 권위에 복종하지 않겠다는 뜻으로 해석했다.

---

67) Williston Walker, *A History of The Christian Church* (New York, Charles Scribner's Sons, 1918), 252.

68) 최덕성, 『종교개혁전야』, 73-75.

발도파는 성경의 권위를 절대적으로 신뢰했고, 설교의 중요성을 강조했으며, 평신도들도 설교할 수 있었다.[69] 발도와 그의 동료들은 평신도 전도자들이었다. 가톨릭 당국자들은 발도파가 평신도 단체로서 설교를 하고 있다는 사실을 근거로 이 단체를 극악한 이단이요, 교만하고 무례한 집단이라고 비판하고 고발했다. 이 비판에 대해서 발도파는 모든 그리스도인들이 "너희는 온 천하에 다니며 말씀을 전파하라."는 예수님의 마지막 지상 명령에 순종해야 마땅하지 않느냐며 반문했다. 그리고 야고보서 4:17절, "그러므로 사람이 선을 행할 줄 알고도 행하지 아니하면 죄니라."는 말씀을 인용하면서 말씀을 전하지 않는 것이 죄라고 항변했다.

발도파는 구시대 관습을 완전히 뒤집어 버리고, 선구자적인 길을 개척했다. 그들은 남자들뿐만 아니라, 여자들도 전도하고 설교할 권리가 있다고 주장했다. 낡은 전통과 관습에 맹종하는 비판자들은 이러한 발도파들의 주장을 성직위계제도의 근간을 뒤흔드는 위험한 발상이라고 공격했다. 발도파는 사제가 죄를 버리지 못하고 하나님 앞에서 부끄러운 삶을 살아간다면, 성찬을 집례해서는 안된다고 주장했다. 하지만, 하나님 말씀을 따라 경건하고 거룩한 삶을 사는 평신도는 집례할 수 있다고 주장했다. 심지어 여성들도 성례를 집례할 수 있다고 주장했다. 이런 주장들은 당시의 분위기에서는 아주 파격적이요, 혁신적인 주장이 아닐 수 없었다. 발도파는 자신들이 의식하지는 못했지만, 16세기 종교개혁의 물길을 열어가는 선구자적인 삶을 살았던 것이다.

성경의 진리를 확신하며, 무서운 불시험을 꿋꿋하게 헤쳐나가며 자신들의 신앙의 전통을 지켜온 발도파들에게 경의를 표하게 된다. 이들은 성경

---

69) Williston Walker, *A History of The Christian Church* (New York, Charles Scribner's Sons, 1918), 252.

의 진리로 무장하고 기존 교권주의에 맞서 순교자의 용기와 결기를 갖고 개신교의 선구자의 길을 개척해 갔다. 무엇보다 평신도 사역자들의 모범적 원형을 보여주었고, 21세기 선도적인 여성 사역자들의 전위대 역할을 감당했다. 자신들의 전통과 가르침을 거역하면 십자군을 동원하여 무참히 살육해버리는 그 무서운 중세 교황주의의 횡포 아래서 발도파들이 보여준 순교자적 용기와 영웅적인 투쟁담은 우리의 가슴을 흔들어 놓는다. 발도파는 성경적 기독교를 회복하려고 했던 교회개혁 운동의 불멸의 귀감이었다. 발도파들의 의로운 신앙의 발자취는 궁창의 별과 같이 영원토록 빛나게 될 것이다.

오늘날 중세시대와 같은 불시험과 핍박은 거의 찾아볼 수 없다. 우리는 너무나 좋은 환경에서 생활하고 있다. 그런데 우리의 신앙의 현주소는 어떠한가? 영적 무기력과 태만함에 빠져있지는 않는가? 요한계시록에 등장하는 라오디게아 교회의 모습이지 않는가? 차지도 아니하고 뜨겁지도 아니한 우리의 부끄러운 신앙인의 모습이지 않는가? 현실적 풍요함에 취해서 나의 곤고한 모습, 가련한 모습, 영적으로 가난하고 눈먼 모습, 벌거벗은 모습을 간과하고 있지는 않는가? 악조건과 역경에 굴복하지 않았던 발도파의 신앙의 강직성과 거룩한 용기 그리고 성경의 진리를 단순히 믿고 순종하는 신앙의 순수성과 경건성을 본받고 우리의 신앙이 영적인 잠에서 깨어나 새로운 출발을 했으면 하는 간절한 바램을 갖는다.

Ⅲ 존 위클리프

1. 위클리프의 생애
2. 성경을 빈역한 위클리프
3. 위클리프의 제자들

Ⅲ. 존 위클리프

16세기 종교개혁의 거장들 앞서서 목숨을 걸고 중세 가톨릭의 거악(巨惡)에 맞서 싸웠던 인물이 있는데 그중에 한 사람이 바로 영국의 존 위클리프(John Wycliffe, 1324-1384)이다. 위클리프도 종교개혁의 물길을 열어간 인물이다. 많은 학자들이 위클리프를 가리켜 종교개혁의 새벽별이라고 칭하고 있다.

1. 위클리프의 생애

1) 시대 환경과 초기 생애

존 위클리프는 1324년경에[1] 영국의 요크셔(Yorkshire) 지방에서 태어났다. 이 시기는 큰 영적 어두움이 유럽을 뒤덮고 있었다. 1305년에 교황에 취임한 프랑스 출신 클레멘스 5세(Clemens V, 1305-1314)[2]는 프랑스 왕 필립 4세(Phillip IV, 1275-1314)와 합력해서 1309년에 로마에 있던 교

1) 그의 자서전에는 그의 출생 연대를 1324년이라고 명시하고 있으나 위클리프에 대하여 두 권의 책을 썼던 허버트 웍맨(Herbert Workman)은 이 연대가 부정확하며 대신 그 연대를 1328년이라고 제안했다. 그러나 필립 샤프(Philif Schaff)를 위시하여, 마가렛 샌드(Margaret Shand)와 데이빗 클라우드(David W. Cloud) 같은 학자들은 1324년에 출생했다고 단정하고 있다. Philip Schaff, *History of the Christian Church*, 6 vol. (Peabody: Hendrickson Publishers, 2011), 315.

2) 아비뇽에 거주했던 7명의 교황들 가운데 최초의 인물이다. 프랑스 필립 왕의 압력에 많이 시달렸다. 독일 및 잉글랜드의 통치자들과도 바람직한 관계를 유지하지 못했다. 클레멘스 5세 이후에는 존 22세(John XXII, 1316-1334)가 두 번째 아비뇽 교황으로 등극하게 되었다.

황청을 프랑스 아비뇽으로 옮겼다. 교황청이 프랑스 아비뇽으로 옮김으로써 교황청의 '바빌론 유수' 가 시작되었다.[3] 그리고 1377년 1월 17일 교황 그레고리 11세(Gregory XI, 1370-1378)가 로마로 돌아감으로써 교황청의 아비뇽 시대는 끝났다. 그레고리 11세가 로마로 돌아오는 데 결정적인 역할을 한 사람이 시에나의 성 캐더린(St. Catherine of Siena, 1347-1380)이다. 그녀는 프랑스 아비뇽까지 직접 찾아가서 그레고리 11세를 면담했고, 교황청을 로마로 귀환시킬 것을 하나님의 이름으로 간곡히 역설했다. 그녀의 간곡한 탄원은 교황의 마음을 움직였고, 그레고리 11세는 교황청을 다시금 로마로 옮겨왔다. 그런데 1377년 로마로 돌아온 지 얼마 되지 않아 안타깝게도 1378년 3월에 죽었다. 그레고리 11세의 갑작스런 죽음으로 로마에 모인 대다수의 프랑스인 추기경들은 다시 아비뇽으로 돌아가려고 했다. 로마 시민들은 강력하게 반대를 했고, 교황청을 로마에 머물러 있게 하고자 온갖 노력을 다했다. 로마인들은 이탈리아 출신 교황을 새로 모시기로 결심했다.

혼란한 상태에서 추기경들은 로마인 교황 우르반 6세(Urban VI, 1378-1389)를 선출했다. 그는 교황청에 대한 프랑스의 영향력을 제거하고 교황청을 개혁하고자 했으나 경험과 지혜와 노련미가 부족하여 추기경들의 적개심을 불러일으켰다. 그가 선출된 지 4개월 후에 12명의 추기경들이 아나그니(Anagni)에 모여서 우르반 6세의 교황 선출은 성난 폭도에 의해서 강요된 것이기 때문에 무효라고 선언했다. 그리고 제네바 출신의 추기경 로베르트(Robert)를 새 교황 클레멘트 7세(Clement VII, 1378-1394)로 선출했다. 몇 달 후에 클레멘트 7세와 그를 추종하는 추기경들은 아비뇽으

3) Alister E. McGrath, 『종교개혁사상입문』 박종숙 역, (서울: 성광문화사, 1992), 30-33.; 『교회사 대사전』, vol. Ⅱ (서울: 기독 지혜사, 1994), 416.

로 다시 돌아갔다. 이로써 교회 역사의 수치로 기록되는 대분열이 시작된 것이다.

두 교황은 서로가 정통성을 가진다며 자신들의 정통성을 주장하고 나섰다. 유럽의 기독교계는 두 교황이 상대를 비난하고 서로를 파문시키는 볼썽사나운 광경을 목격했다. 로마와 아비뇽 사이에 분열을 통합할 세력은 없었다. 자신들의 정치적 이해관계를 좇아 이 교황, 저 교황을 따를 수밖에 없었다. 로마 교황을 인정하는 그룹은 이탈리아 북부와 중부 독일의 대부분 지역과 스칸디나비아 반도와 잉글랜드였다. 아비뇽 교황을 추종하는 자들은 프랑스, 스페인, 스코틀랜드, 나폴리, 시칠리아였고, 독일의 일부가 지지하였다. 유럽 내에 두 개의 교황청과 두 사람의 교황이 자신들의 정통성을 주장하며 존재했기 때문에 유럽은 고통스러웠다. 두 교황청은 과도한 세금으로 백성들을 괴롭게 했다. 이런 과정에서 성직매매는 한층 더 성행하였다. 교황권 분열 자체가 성직매매를 더욱 조장한 셈이었다. 왜냐하면 교황들은 그의 상대 교황을 대항하기 위해 막대한 자금이 필요하였으며, 성직매매야말로 이러한 자금을 마련하기에 가장 편리한 수단이었기 때문이었다. 교황청에 대한 이미지와 영향력은 땅에 추락했다.[4)]

교황청의 대분열은 거의 40년간 지속되었다. 1417년 콘스탄스 공의회에서 마틴 5세(Maritn V, 1417-1431)를 선출하고 난 후에 이 분열이 치유되었다.[5)]

중세 후기의 교회는 세속 권력과의 야합과 재물에 대한 탐욕으로 크게

---

4) Philip Schaff, *History of the Christian Church,* vol. 6. (Peabody: Hendrickson Publishers, 2011), 318; 『교회사 대사전』, vol. III (서울: 기독 지혜사, 1994), 292-293; Alister E. McGrath, 『종교개혁사상입문』, 33.

5) Williston Walker, *A History of The Christian Church*, 송인설 역, 『기독교회사』 (고양: 크리스챤 다이제스트, 2002), 427-428.

세속화되어 있었고 성직자들의 영적, 도덕적 부패는 가공할만한 것이었다. 당시 교회는 슬프게도 '머리에서 발끝까지' 개혁이 필요할 정도였다.[6] 존 22세 (John XXII, 1316-1334)는 각종 징세 제도를 창안하여 돈을 끌어모았고 성직을 매매하고 면죄부를 발행했다. 그가 창안한 징세 제도는 교회 질서를 극도로 문란 시켰고 교황청의 사치를 가중시켰다. 교황청의 탐욕과 사치와 낭비는 하늘을 찔렀다. 교황은 세속 군주를 본떠서 임직세(annates)를 거두어들였는데, 새로 임명된 교회 임직자의 1년 수입 전부를 교황에게 바치는 제도였다. 교황의 배타적인 공직 임명권으로 인해서 교황은 엄청난 수입을 축적했다. 체납자에게는 가차 없는 파문을 내려 공포 정치를 일삼았다.[7] 왜곡된 신학과 교리적 탈선, 불의한 제도와 이교(異敎) 의식 등, 교회의 타락과 종교 생활의 폐해는 심각했으므로 개혁은 불가피하였다. 무엇보다 이들이 가르치는 구원관은 행위와 공로를 강조하는 세미펠라기안적 구원관을 가지고 있었다. 이들의 구원관은 성경의 가르침으로부터 크게 이탈하였다. 또한 당시 교회가 시행하는 미사나 예배 의식은 이교적 관습과 혼합되어 있었다.8) 당시 교황은 초자연적인 존재처럼 보이도록 되어 있었다. '더 이상 사람은 아니지만 전적으로 하나님도 아닌' 존재였고, 천사적 통치자요, 신적 능력을 가진 우주적 통치자로 군림했다.[9]

존 위클리프가 태어난 때는 영국 역사에 있어 아주 중요한 시기였다. 위클리프는 1340년 9월에 옥스퍼드 대학교에 입학했다. 그가 이 대학에

---

6) Ibid., 428.

7) Williston Walker, *A History of The Christian Church*, (New York: Charles Scribner's Sons, 1918), 296.

8) 이상규, 『교회개혁사』 (서울: 성광문화사, 1997), 27-29.

9) Friedrich Heer, *The Medieval World,* 김기찬 역, 『중세의 세계』 (고양: 크리스찬 다이제스트, 2002), 46.

입학할 당시 이 대학이 광범위한 인지도를 얻게 되었고, 많은 사람들에 의해서 유럽을 선도하는 대학으로 인식되었다.[10)]

또한 위클리프가 살던 시대는 엄청난 격변과 고난의 시대였다. 교황들은 영국에 무거운 세금을 부과해 왔다. 일반 평민에서 왕까지 모든 백성들은 교황의 횡령에 너무나 시달렸다.[11)] 방대한 양의 돈이 직접 과세를 통해서 로마 교황청 바티칸 궁으로 직행했다. 더욱이 영국의 교회 수입도 로마 교황의 바티칸 금고에 들어갔다. 영국 사람들을 더욱 화나게 하는 것은 영국에서 보내진 그 많은 돈들이 영국이 싸우고 있는 적들을 돕는 데 사용되었던 것이다. 1339년에 에드워드 3세(Edward III, 1312, 1327-1377)는 프랑스 군대에 교황청 기금이 부분적으로 지불되고 있다는 사실을 발견하고는 노골적으로 불평을 쏟아냈다.[12)]

위클리프는 앵글로 색슨 족의 혈통을 물려받았다. 그는 1340년 옥스퍼드의 머튼 대학(Merton College)의 학생이 되었을 때, 성경을 공부하기보다 스콜라 신학자 토머스 아퀴나스(Thomas Aquinas, 1225-1274)나 둔스 스코투스 (John Duns Scotus, 1265-1308) 같은 학자들을 공부하는 데 시간을 많이 허비했다. 당시에 머튼 대학에 교수로 재직하고 있었던 한 경건한 분이 있었는데, 그분은 브래드워딘(Thomas Bradwardine, 1290-1349)[13)]이었다. 그는 하나님만이 주권적인 은혜로 죄인들을 죄 가운데서

---

10) William R. Estep, *Renaissance and Reformation* (Grand Rapids, Mich.: Edrdmans, 1992), 59; Margaret Shand, "John Wycliffe".

11) David W. Cloud, "John Wycliffe and The First English Bible" available from http://www.wayoflife.org/articles/johnwycliffe.html;Internet; accessed on 31 August, 2003.

12) Philip Schaff, *History of the Christian Church*, vol. 6. (Peabody: Hendrickson Publishers, 2011), 309.

13) 그는 1349년에 캔터베리 대주교에 오름. 옥스퍼드의 머튼 대학에서 공부하였는

구원할 수 있다는 복음의 진리를 명쾌하게 가르쳤다. 복음의 밝은 빛이 이 위대한 하나님의 사람으로 인해 유럽을 가로질러 동터오기 시작했다.[14]

위클리프는 옥스퍼드 대학에서 1356년에 학사학위를 받았고, 1361년에 석사학위를 취득했다. 그 이후에 그는 잠시 동안 발리올 칼리지(Balliol College)의 학장으로 봉사했다. 그는 옥스퍼드 대학에서 계속 강의하는 동안, 1361년에 필링햄(Fillingham) 교구 목사로 임명되었고 오래지 않아 러저샬(Ludgershall)교구에서 활동했다. 그는 1372년에 신학박사 학위를 취득했다. 그리고 캔터베리 칼리지(Canterbury College) 학장으로 선출되었다. 위클리프는 옥스퍼드 대학에서 논리학과 형이상학을 가르치면서 훌륭한 강사요, 탁월한 저술가요, 유능한 교수로 큰 명성을 날렸다.[15]

그는 어거스틴에 깊은 감화를 받았고, 그를 통하여 플라톤의 철학적 개념과 사고 방법에 영향을 받았다. 위클리프는 교황 그레고리 11세의 탐욕과 불성실함에 크게 실망한 나머지 영국 왕을 위한 신학적 조언자요 고문이 되었다. 1374년 그는 에드워드 3세(Edward III, 1312-1377)로부터 루터워스(Lutterworth) 교구를 선물 받았다. 그는 러저샬 교구의 목사직을 사임하고 난 후, 루터워스에서 숙을 때까시 그 교구의 앙 무리를 섬겼다.[16]

1348년 위클리프가 옥스퍼드에서 공부할 당시 흑사병(Black Plague)으로 불리는 무시무시한 페스트가 시작되었다. 이 무서운 역병은 원래 아시아에서 시작되었으나 급속도로 유럽을 가로질러 서쪽으로 전파되었다. 그

데, 수학과 신학에서 크게 두각을 드러냄, '심오한 박사'(Profound Doctor)라는 별명을 얻었다. 후에 옥스퍼드의 총장과 신학 교수로 선출되었다. 『교회사 대사전』, vol. II, 1107.

14) Margaret Shand, "John Wycliffe".

15) Williston Walker, *A History of the Christian Church*, 송인설 역, 『기독교회사』(고양: 크리스챤 다이제스트, 2002), 429.

16) Ibid., 429.

해 8월에 이 무서운 역병이 영국에까지 도달했다. 영국 런던에서도 수많은 인명이 죽어갔다. 이 역병으로 인해 영국 인구의 절반이 죽게 되었다.[17)] 위클리프는 이 재난으로 인해 깊은 문제의식을 갖게 되었다. 제네바의 종교개혁 역사학자인 '잔 마흘레 드바이네' (Jean Henri Merle d' Aubigne, 1794-1872)의[18)] 기록에 의하면 위클리프의 가슴에 이 흑사병 재앙은 전능하신 하나님의 심판 날의 트럼펫 소리와 같이 들려왔다. 그는 이 흑사병 재앙을 하나님의 심판 경고로 받아들였다. 이 절망적인 필요에 의해 위클리프는 하나님의 말씀을 온 마음을 다해서 공부했고, 말씀 속에서 다가올 하나님의 심판으로부터 도피성을 찾고자 했다.[19)]

위클리프가 성경 속에서 진리를 발견하자마자 그는 그 진리를 선포했고 그 진리를 좇아서 행동했다. 이것은 불가피하게 로마 가톨릭 권세자들과 충돌을 일으켰다. 그는 복음의 확장과 진보를 위해 하나님께 크게 쓰임 받았지만 그의 인생의 후반은 수고와 고난의 생애로 마감하게 되었다. 현명하고 학식 있는 학자들은 위클리프가 영국사를 변화시키는 데 있어 그 어떤 인물보다 더 귀하게 쓰임 받았다고 평가하고 있다. 존 폭스(John Foxe, 1516-1587)를 위시하여 몇몇 학자들은 위클리프가 영국의 종교개혁 역사에 있어 루터(Martin Luther, 1483-1546)보다 훨씬 더 큰 영향을 미쳤다고 했다. 학자들은 "위클리프에 의해서 이루어진 업적과 그의 추종자들이었던

---

17) Margaret Shand, "John Wycliffe".

18) 마흘레 드바이네는 19세기의 가장 인기 있는 교회 역사가들 중 한 분이다. 필립 샤프(Philip Schaff)는 드바이네가 쓴 역사책을 가리켜 "교회사에 대하여 쓰인 어떤 책보다 널리 보급된 책" 이라고 평했다. 그의 첫 작품인 『16세기 종교 개혁사』(History of Reformation of the Sixteenth Century(5권, 1846-53). 이 5권은 종교 개혁사에 관하여 처음으로 나온 장엄한 책이다. Michael Bauman & Martin I. Klauber, 『전통을 지켜온 기독교 역사가들』, 라은성 역 (서울: 이레서원, 2002), 203.

19) Margaret Shand, "John Wycliffe".

롤라드(Lollards)에 의해서 계속되었던 업적들을 이해하지 않고서는 영국의 종교개혁을 제대로 이해할 수 없다"고 했다. 위클리프의 위대한 힘은 성경 말씀에 대한 그의 확신에서 비롯되었다.[20]

위클리프는 하나님의 말씀이 가르치는 바가 무엇인가를 더 크게 깨달았을 때에 영적으로 더욱 성장해갔다. 그는 로마 교황청의 전체적인 조직이 성경과 불일치하고 있음을 보게 되었다.[21] 그에게 있어서 성경은 무오한 권위였고, 교회 및 교회의 전통보다 우월한 최고의 권위였다.[22]

2) 영향을 준 사람들

위클리프는 옥스퍼드 교수들에게 많은 빚을 졌다. 위클리프가 위대한 하나님의 종으로 성장하기까지 그에게 좋은 영향을 준 사람들이 있었다. 링컨(Lincoln) 주교인 로버트 그로스테스트(Robert Grosseteste, 1168-1253)는 옥스퍼드 대학교 인문대 교수를 지냈으며, 1235년 영국에서 가장 큰 교구인 링컨 교구의 주교가 되었다. 그는 교황청이 교회에 '만악의 온상 노릇'을 하고 있다며 비판을 했고, 또한 교황이 자기 친인척들을 영국 성직록에 임명하는 것에 대해서도 반대했다.[23] 위클리프는 그로스테스트의 위대한 학식과 성경의 권위에 대한 전적인 신뢰를 배웠다. 또 다른 옥스퍼드 교수가 있었는데 토머스 브래드워딘(Thomas Bradwardine, 1290-1349)이었다. 브래드워딘은 위클리프의 신학적 발전에 보다 많은 영향을 끼쳤다. 브래드워딘은 학사 학위(bachelor's degree)만 소유하고 있었지만 옥스퍼드 머튼(Merton) 대학에서 은혜 교리에 대해 강의했다. 하나님의 주권과 은혜의 절대적 필요성에 대해서 배웠다.

20) Ibid.

21) Ibid.

22) Tudur Jones, 『기독교 개혁사』, 김재영 역 (서울: 나침판사, 1990), 22.

옥스퍼드 발리올(Balliol) 대학을 졸업하고 그 대학의 학장이 되었던 리처드 피쯔랄프(Richard FitzRalph, 1290-1360) 역시 위클리프에게 상당한 영향을 끼쳤다. 그는 1333년에 옥스퍼드의 총장이 되었다. 후에는 아마(Armagh)의 대주교가 되어 1347-1360년까지 봉직하게 된다. 위클리프와 신학적으로, 철학적으로 같은 노선을 견지했다. 1349년에 그는 탁발수도회들과 갈등을 겪게 되는데, 인위적 가난은 사도적 준수도 아니고 현재 지켜야 할 의무도 아니라고 주장했다. 그리고 탁발(구걸)은 성경이나 초대 교회의 초기 전승에 아무런 근거가 없는 행위라고 비판했다. 이 일로 인해 영국 탁발 수도사들로부터 격렬한 비난을 받았다.[24] 그는 아비뇽 교황청을 지지하였으며, 1346년 7월 클리멘트 6세(Clement VI, 1342-1352)에 의해 아마(Armagh)의 대주교로 임명받았다. 피쯔랄프가 위클리프에게 존경을 받았던 이유는 탁발 수도사들에 대한 계속적인 공격을 시도했기 때문이다. 피쯔랄프는 탁발 수도사들이 백성들의 고해 성사를 듣는 행위나 또 그들이 죽은 자들을 땅에 묻는 권한에 대해서 날카롭게 비판했다. 그러나 위클리프는 피쯔랄프의 사상을 맹목적으로 따르지는 않았다. 피쯔랄프는 구걸하는 탁발 수도사들의 가난을 정죄한 반면에, 위클리프는 프란시스칸(Franciscans)들의 가난한 삶을 동정하였으며 프란시스칸이 위클리프의 "가난한 사제들"(poor priests)로 재현되었다고 볼 수 있다.[25]

위에서 언급한 사람들이 하나님의 뜻 가운데 위클리프의 신앙과 지식을 보강하는 데 귀하게 쓰임 받았지만, 성경을 이해하는 위클리프의 통찰력은

---

23) 『교회사 대사전』, vol. I, 223.

24) 『교회사 대사전』, vol. III, 670.

25) *The Cambridge History of English and American Literature*, vol. 2, available from http://www. bartleby.com/212/0207.html; Internet; accessed on 12 November, 2003.

그들보다 훨씬 뛰어났다.[26)]

3) 정치 활동과 학설

위클리프는 옥스퍼드를 졸업하고 에드워드 3세(Edward Ⅲ, 1312-1377)[27)]의 신학 고문으로 헌신했다. 당시 영국 왕 에드워드 3세는 너무나 어려운 시기를 맞이했다. 심각한 재정적 곤경에 처해있었다. 이 곤경에서 벗어나기 위해 왕은 부유한 교회로 탐욕스러운 눈을 돌렸고, 전쟁을 후원하기 위해 성직자들의 수입에서 십일조를 거두기로 결정했다. 영국의 존 왕(John, 1199-1216)이[28)] 통치하던 이후부터 영국은 로마 교황청으로부터 자유를 얻기 위해서 노력했다.

1365년에 교황 우르반 5세(Urban V, 1362-1370)[29)]는 영국 정부 위에 교회의 권위를 다시 주장하기 시작했다. 그리고 우르반 5세는 영국에 상납금 지불을 다시 요구해왔다.

영국 왕 에드워드 3세는 국회를 소집했고 교황의 무리한 요구를 국회의

---

26) Margaret Shand, "John Wycliffe".

27) 에드워드 3세는 1312년에 탄생했고, 1327년에 왕위에 올랐다. 그는 1328년에 필립파(Philippa)라는 여성과 결혼하여 1330년에 첫째 아들 검은 군주 에드워드(Edward the Black Prince, 1330-1376)를 얻게 된다. 검은 군주 에드워드는 리처드 2세(Richard Ⅱ, 1367-1400)의 아버지가 된다. 리처드 2세는 1377-1399년까지 에드워드 3세의 뒤를 이어 영국의 왕이 된다.

28) 그는 교황 이노센트 3세가 캔터베리 대주교를 추천하자 거절했다. 이에 이노센트는 영국을 수찬금지령 아래 두었다. 왕은 그를 반대하는 성직자들을 쫓아냈다. 교황은 그를 파문했고 그의 왕위가 몰수되었다고 선언했고, 그에 대한 십자군을 공포했다. 패배한 왕은 모욕적인 복종을 교황에게 했을 뿐만 아니라, 자신의 왕국을 교황의 봉토로 인정하여 해마다 봉건 세금을 지불하는데 동의했다. Williston Walker, 송인설 역,『기독 교회사』(고양: 크리스챤 다이제스트, 2002), 419.

29) 우르반 5세는 1310년에 탄생했고 1362년에 이노센트 6세(Innocent Ⅵ, 1352-1362)의 뒤를 이어 아비뇽 교황이 된다.

원들에게 제출했으며 그들의 응답을 요구했다. 다수의 국회의원들이 왕에게 제출한 답변은 위클리프에 의해서 기록되었다. 위클리프는 이미 세금 문제를 광범위하게 의논을 했고 그의 주장은 국회의원들에게 매우 설득력이 있었다. 국회는 전적으로 교황의 요구를 거절했다.

이러한 투쟁은 위클리프에게 교황 정치에 대한 그의 견해를 폭넓게 표현하는 기회를 제공했다. 이 사건은 영국 사회에 위클리프의 존재감을 나타냈다. 그러나 영국과 로마 교황청 당국자들 사이의 전투는 계속되었다. 이 문제를 해결하기 위해 에드워드 3세가 보기에 이 일의 이상적인 적임자는 위클리프였다. 그리하여 위클리프는 교황 사절단을 만나기 위해 대표단의 한 사람으로 브루쥬에 가게 된다. 그가 그곳에 간 목적은 프랑스와 평화 협정을 체결하고, 또 영국 교회에 부과된 할당금을 채우는 문제를 협상하기 위함이었다. 이 일에서 위클리프는 애국자로서 그리고 왕의 신하로서 진가를 보여주었다. 위클리프는 영국 대표단 중 유일한 신학자였다. 그는 단호하게 교황 사절단의 요구를 거절했다. 브루쥬에서 위클리프는 에드워드 3세의 아들 곤트 존과 처음으로 친밀한 교제를 이루었다.[30] 한동안 곤트의 존의 후광으로 교황청 정치꾼들의 위협적 공격으로부터 보호를 받았다.[31]

브루쥬에서 돌아온 이후에 위클리프는 종교개혁가로서 목소리를 내기 시작했다. 옥스퍼드와 런던에서 교황이 세속 군주와 같이 정치적 주권을 행사함을 비판하는 설교를 했고, 교회의 타락상을 거침없이 지적하며 교회의 개혁을 주장했다. 그런 활동을 시작한 직후에, 소책자를 한 권 출판했

30) Philip Schaff, *History of the Christian Church*, vol. 6, 316.

31) Philip Schaff, *History of the Christian Church*, vol. 6. (Peabody: Hendrickson Publishers, 2011), 316.

는데, 그는 로마 의 주교를 "적그리스도요, 교만한 자요, 저주받은 도둑놈이요, 날강도"라고 불렀다. 그리고 그는 교황이 "어떤 사제보다 매고 푸는 권세를 더 많이 가지고 있지 않으며, 세속 군주들이 필요한 경우에는 성직자들의 재산을 몰수할 수 있다."고 주장했다. 위클리프의 설교를 열렬하게 환영했던 사람이 에드워드 3세의 아들 곤트의 존이었다. 그는 평소에 타락한 성직자들을 원수처럼 여겨왔었는데, 위클리프의 설교를 듣고 교회 재산 몰수하고 압류하는 데 앞장섰다. 위클리프의 가르침은 확실히 에드워드 3세의 무절제한 아들인 랭커스터(Lancaster)의 공작 존과 그의 탐욕스러운 귀족 패거리들을 기쁘게 했다. 그들은 태만한 교회의 재산 몰수를 통해 치부하기를 원했다. 그것은 또한 오랫동안 탐욕스런 교권주의에 대해 거침없이 비판해온 많은 평민들의 흥미를 끌었다.[32)]

위클리프는 1377년 2월 19일에 런던의 주교 코트니(William Courtenay, 1324-1396)[33)]로부터 성 바울 성당의 성직자 총회에 출두하라는 통보를 받게 되었다.[34)] 매우 힘 있는 두 친구 리처드 2세(1367-1400)와 그의 후견인 랭커스터의 공작 곤트의 존(1340-1399)이 함께 했다. 재판은 주교와 공작 사이의 격렬한 언쟁으로 시작되었다. 쟁점은 위클리프가 재판을 받을 때 앉아 있어야 하는가 아니면 계속 서 있어야 하는가 하는 것이었다. 런던의 의전관이었던 퍼시(Lord Percy)가 위클리프에게 앉으라고 명령하자, 배석했던 주교는 어떻게 죄수를 자리에 앉게 할 수 있느냐며 이것은 일찍이 들어보지 못한 법정 모독행위라고 주장했다. 재판에 참석하여 그 상황

32) Ibid., 430.

33) 그는 휴(Hugh)의 넷째 아들이요, 모계 쪽으로는 에드워드 1세의 증손이다. 그는 좋은 배경으로 교회와 국가적 위치에서 최고의 관직을 얻게 되었다. 1381년에 캔터베리의 감독이 되었고 존 위클리프의 강력한 반대자의 한 명이었다.

34) 김익원, 91.

을 지켜보고 있던 랭커스터 공작 곤트의 존은 런던 주교 윌리엄 코트니와 영국의 모든 고위 성직자들의 교만을 꺾어버리고 말겠다며 다짐했다. 그러나 그 주교도 만만치 않았다. 랭커스터 공작을 향하여 "각하, 할 테면 해보시지요." 하면서 응수했다. 그 주교는 데번셔(Devonshire) 공작의 아들이었다. 두 사람의 언쟁이 민중을 자극하여 소요사태가 일어났다. 큰 소란 때문에 소송이 기각이 되었다. 위클리프는 랭커스터 공작 존의 보호를 받았다.[35)]

당시 교회의 부정과 불법과 비리를 질타하는 위클리프의 주장은 교황과 기존 교회의 기득권자들에게는 너무나 도전적이고 불쾌하기 짝이 없었다. 그러나 영국 왕과 평신도들에게는 여름 추수 때에 시원한 냉수와 같이 속 시원한 내용들이었다. 이로 인해 위클리프는 전국적인 인사로 영향력을 확보했다.

에드워드 3세의 첫째 아들은 검은 군주(the Black Prince)[36)]로 불렸는데, 그는 1376년 아버지보다 먼저 병으로 죽었다. 에드워드 3세는 왕태자를 먼저 여의고 1377년에 죽었다. 검은 군주의 미망인, 조안은 열한 살의 새 왕인 리처드 2세(Richard Ⅱ, 1367-1400)의 어머니였다. 그녀는 위클리프의 좋은 후원자였다. 위클리프의 인기는 한동안 계속되었다. 그러나 1378년 이후부터 정치적인 문제에 연루되어 그의 정치적 영향력은 쇠퇴하기 시작했다. 하지만 위클리프의 영적 영향력은 계속 증가했고 하나님의

35) Philip Schaff, *History of the Christian Church*, vol. 6, 317.

36) 그는 에드워드 3세의 첫째 아들로 1330년에 태어났다. 그는 프랑스와 백년 전쟁(1337-1453)을 치룰 때 검은 갑옷을 입고 용감하게 싸워서 혁혁한 전과를 올렸다. 그때 프랑스 사람들은 검은 갑옷을 입고 용감히 싸우는 그를 검은 군주(the Black Prince)라고 불렀던 것이다. 그는 왕위 계승을 하지 못하고 1376년에 병으로 죽게 되었다. The Columbia Encyclopedia, 2001. available from http://www.bartleby.com/65/ed/EdwardBl.html; Internet; accessed on 12 November, 2003.

선한 주권 가운데 그의 나머지 생애를 무척 효과적으로 선용할 수 있었다.[37]

로마 교황과 교황청 인사들이 위클리프를 죽이고자 발악을 했지만, 하나님께서 그의 방패가 되셔서 원수들의 위협 가운데서도 그를 안전하게 지켜주셨다. 데이빗 파운틴(David Fountain)은 그의 책 『개혁의 새벽별, 존 위클리프』(John Wycliffe, *The Dawn of the Reformation*)에서 흥미 있는 지적을 하였다. "교황은 영국에서 교황의 종교 재판소를 설립하고자 했다. 그런데 위클리프가 그 당시 정부에 지혜로운 조언을 해줌으로 인해 교황은 자기 뜻을 펼칠 수 없었다. 이로 인해 영국은 '이교도'(heretics)로 불리며 200년 이상 핍박을 받았을지라도, 그러한 일들은 교황이 그의 욕망을 충족시켰을 경우보다 훨씬 좋은 결과를 나았다."[38]

한편 비양심적인 곤트의 존은 교회의 재산을 몰수하려는 계획을 세웠고 고매한 인격의 소유자요, 옥스퍼드의 신학자인 위클리프의 도움을 받고자 했다. 위클리프가 왜 그러한 계획에 동참했는지는 알 수 없다. 아마도 가난한 자들을 착취하여 사치하고 무절제한 탐욕에 사로잡혀 있는 고위성직자들에 대한 증오심과 반감 때문에 영국 통치자의 편을 들지 않았을까 추정된다.

4) 위클리프와 그레고리 11세의 대결

1377년 5월이 끝나갈 무렵 그레고리 11세는 존 위클리프에게 교황 교

---

37) Margaret Shand, "John Wycliffe".

38) David G. Fountain, John Wycliffe, *The dawn of the Reformation* (Southampton: Mayflower Christian, 1984), Shand, "John Wycliffe", available from http://wholesomewords.org/biography/biorpwycliffe.html; Internet; accessed on 19 September, 2003에서 재인용.

서를 내렸다. 그레고리 11세는 프랑스 아비뇽에서 로마로 교황청을 옮기고 나서 교황권을 새롭게 강화하고자 했다. 교황권을 강화하고자 하는 데 가장 걸림돌이 되는 인물이 바로 영국의 존 위클리프였다. 위클리프는 오랫동안 쌓여온 로마 교황청의 적폐와 교회의 잘못된 조직과 권력 남용에 대해서 연일 비난의 포문을 열고 있었다. 교황은 수단과 방법을 가리지 않고, 눈에 가시같은 위클리프를 제거하고자 했다. 그래서 교황은 캔터베리 대주교와 런던의 주교와 옥스퍼드 대학교에 각각 교황의 교서를 내렸을 뿐만 아니라, 영국 왕에게까지 교서를 보내왔다. 위클리프 저작물에서 19가지의 죄목을 발취하여 단죄하였고, 그가 자기 사상과 주장을 계속한다면 체포하여 감옥에 감금시키고 교황의 선고를 기다리라며 엄하게 명령했다.[39] 로마 교황 그레고리 11세는 3번에 걸쳐 위클리프를 이단자로 죄목을 씌워 종교재판을 시도하였으나 그때마다 후원자인 랭커스터 공작인 곤트의 존과 그를 지지하는 백성들에 의해 거절되었다. 이로 인해 위클리프는 위기를 벗어날 수 있었다.[40]

위클리프는 곤트의 존을 섬김으로 민족적 인물로 부상하게 되었고, 아비뇽의 마지막 교황인 그레고리 11세(Gregory XI, 1329-1378)가 제정한 19가지 죄목으로 인하여 국제적인 인물이 되었다.[41]

그러면 그레고리 11세가 위클리프가 그의 책과 논문에서 펼친 주장들 중에서 로마 가톨릭 고수해왔던 주장과 배치되는 내용을 선별해서 이단이라고 정죄한 19가지 죄목을 한번 살펴보자.

---

39) Reginald Lane Poole, *Wycliffe and Movements for Reform* (New York: Anson D. Randolph & Company, 1978), 78-79.

40) Estep, 64.

41) Available from http://www.fordham.edu/halsall/source/1382wycliffe.html; Internet; accessed on 14 August, 2018.

1. 성찬 시 축성 후에도 빵과 포도주의 물질적 본체가 그대로 남아 있다.
2. 동일한 성찬에서 축성 후에 비본질적인 것이 실체 없이 남아 있지 않는다.
3. 그리스도는 본래의 육체의 현존으로 진정과 실제로 동일하게 성찬대의 성례에 있지 않다.
4. 만일 주교나 사제가 치명적인 죄를 범하며 살고 있다면, 그는 성직자로 임명하지 말 것이며, 축성하지 말 것이며, 세례도 주지 말아야 한다고 주장했다.
5. 사람이 진정으로 회개하지 않으면, 모든 외적인 고백은 그에게 불필요하며 아무 소용이 없다.
6. 그리스도가 미사(mass)를 제정했다는 사실이 복음서에 발견되지 않는다.
7. 하나님이 마귀에게 순종해야 한다.(위클리프의 주장을 이렇게 억지로 왜곡해서 고발했던 것이다.)
8. 교황은 멸망 받도록 규정되어 있으며 악독한 사람이며 마귀의 종이며, 황제에 의해서 수락되지 않으면 어떤 권력도 그리스도의 신실한 사람들 위에 군림하도록 교황에게 주어지지 않았다.
9. 우르반 6세 이후 어떤 사람도 교황으로 인정받지 못했다.
10. 교회의 사람들이 세속적 소유를 가지는 것은 거룩한 성경에 배치되는 것이라고 주장했다.
11. 어떤 고위 성직자도 그 사람이 먼저 하나님께로부터 파문당하지 않는다면 어떤 사람도 파문해서는 안 된다.
12. 파문하는 고위 성직자는 그것으로 이단자이거나 파문당한 자이다.
13. 왕이나 왕의 법정에 항소하는 성직자를 파문하는 고위 성직자는 하나님께 반역자요, 왕과 왕국의 반역자이다.(위클리프는 국왕의 권위를 존중했다.)
14. 설교하기를 소홀히 하거나 하나님의 말씀과 전파된 복음의 말씀 듣기를 소홀히 하는 자들은 사람들에게 파문을 당하기 때문에 파

문된 자들이다. 그리고 심판 날에 하나님의 반역자로 간주될 것이다.

15. 가톨릭의 주교의 권위 없이도 말씀의 지식으로 충분히 준비된 사람들은 집사나 성직자나 구분 없이 하나님의 말씀을 전파하도록 허락되었다.(위클리프는 만인제사장주의를 역설하고 있다.)
16. 치명적인 죄 가운데 있는 자는 시민의 지도자도 될 수 없고, 주교나 대주교도 될 수 없다고 주장했다.
17. 세속적 군주는 그들 자신의 판단에 따라 직무 태만한 교회 사람들의 일상적인 수입을 탈취할 수 있으며, 또한 일반 백성들도 직무 태만한 세상 군주들을 교정할 수 있다.
18. 십일조는 순전히 자선 행위에 기초한 것이다. 교구민들은 그들의 성직자가 죄 가운데 있으면 십일조를 그들에게 주지 않고 그들의 의지대로 다른 사람들에게 줄 수 있다.
19. 고위성직자나 종교적인 사람들에 의해서 어떤 사람이 특별 기도를 받았다고 해서 다른 사람들을 위한 일반적인 기도보다 특별한 효과가 있는 것이 아니다.

위 내용은 그레고리 11세 교황이 위클리프의 모든 책과 논문들을 수집 추적해서 당시 교황과 교황청이 주장하는 내용과 배치되는 것들을 선별하여 악의적으로 고발한 것이다. 7번째 항목인 "하나님이 마귀에게 순종해야 한다."는 주장은 위클리프의 발언의 앞뒤 문맥을 제거하고 교묘하게 곡해 조작해서 위클리프를 이단으로 몰고 가기 위한 사악한 발상임에 틀림없다. 그 외에는 그레고리 11세가 위클리프를 이단으로 단죄하기 위해서 곡해해서 편집한 것이지만, 위클리프의 주장이 얼마나 정당하며, 성경적이며, 설득력이 있는가가 분명하게 드러난다. 위클리프의 주장이 마치 마틴 루터가 1517년 10월 31일 비텐베르크 성문 교회의 정문에 부착한 95개 논제와 비슷한 느낌을 갖게 된다. 루터는 성경의 진리와 자신의 양심에 기초해서 중세 가톨릭의 신학적 문제점과 교황의 면죄부 남용의 부당성과 교황권

남용과 교황의 탐욕과 부정과 비리를 날카롭게 고발했다. 루터가 교회 입구에 대자보로 붙인 95개 논제가 종교개혁의 기폭제가 되었고, 이것을 계기로 해서 종교개혁의 불길이 타올라 온 유럽을 뒤덮었다. 루터가 독일에서 종교개혁의 횃불을 들기 전에 약 140년 전에 영국에서 존 위클리프가 세상을 향하여 용기 있게 종교개혁의 나팔을 먼저 불었던 것이다. 위클리프의 주장이 얼마나 성경적이며, 오늘날 개혁주의 관점에서 봐도 너무나 참신하고 보편타당성을 가지고 있음을 확인하게 된다.

5) 불굴의 개혁자 위클리프

1378년과 더불어 위클리프는 교리 개혁가로 출발하게 된다. 그는 한동안외국인들을 상대하며 영국인들의 권익을 보호하기 위해서 힘썼다. 이제는 스콜라 학자들과 중세의 교황들이 공들여 쌓아온 신학 체계와 교회에 잠입해 들어온 부정과 불법과 비리들을 고발하며 비판했다. 유럽에 교황청이 둘로 쪼개짐으로 인해서 기독교가 세상의 웃음거리가 되었다. 로마 교황청과 아비뇽 교황청은 자신들의 정통성을 주장했고, 상대 진영을 향해 저주와 악담을 퍼붓는 우스꽝스러운 광경을 목격하면서 교황제가 신적 기원이라고 주장하는 그들의 주장이 얼마나 거짓되며 허무한가가 백일하에 드러났다. 위클리프는 그의 수많은 설교와 소책자들과 장문의 저서들을 통해서 성경의 중요성을 부각시켰고, 상식의 중요성을 내세웠다. 당시 중세 가톨릭은 너무나 성경에서 빗나갔고, 인간의 상식에도 어긋나는 거짓된 가르침에 노예가 되어 있었다. 위클리프의 펜은 다메섹의 면도칼(Damascus blade)처럼 예리했다. 그는 위대한 기독교 인문학자 에라스무스 못지않은 풍자(諷刺)와 해학(諧謔)의 달인이었다. 에라스무스는 점잖게 품위있게 재치있게 당시 교회의 종교지도자들과 스콜라 신학자들을 풍자하며 비판했다. 그와는 다르게 위클리프는 풍자의 단계를 넘어서서 독설의 달인이기도 했다. 그의 비판은 날카로웠고, 듣는 이들의 가슴을 비수로 찌르는 고통을 안겨주었다. 위클리프는 그의 문학적 역량을 아낌없이 사용했다. 그는 라틴어뿐만 아니라 영어도 효과적으로 사용했다. 성경 진리에 대한 그의 확신과 믿음의 열정은 마틴 루터 못지않았고, 그 신학 사상은 깊고도 뜨거웠다. 마틴 루터가 독일이 배출한 가장 열정적인 소책자의 저자였듯이 위클리프는 영국의 가장 대표적인 신앙 소책자의 저자였다. 그의 명쾌하고 예리한 어조와 필치는 당대에 어느 누구에게도 뒤지지 않았다.[42)]

존 위클리프는 학자와 저술가를 넘어서는 인물이었다. 1374년 브루쥬(Bruges)에서 귀국하면서 탁발 수도사들의 폐해를 막기로 결심하고 난 후, 그는 순회 전도자 집단을 발족시켜 파송할 계획을 했었다. 옥스퍼드 대학 출신들이 주류를 이루었고, 평신도들도 포함되었는데, 그들이 바로 그 유명한 가난한 사제들 즉, 롤라드들(The Lollards)이었다. 그 롤라드들은 위클리프의 사상과 가르침에 영향을 받은 위클리프의 제자들이요, 복음의 동역자들이었다. 이 롤라드들을 통한 전도 계획은 적지 않은 성과를 거두었으며, 상당한 화제를 불러일으켰다. 그들은 황갈색 긴 겉옷을 입은 채 도보로 민중을 찾아다니면서 설교했다. 그리고 후에 위클리프가 편찬한 영어 성경을 영국 전역에 보급하는 귀중한 사명을 감당했다.[43)]

그런데 롤라드들의 활동을 탐탁찮게 여기는 자들이 여기저기서 출현했다. 런던 주교 코트니(Courtenay)는 이들의 활동에 분개했다. "이 자들은 권위를 위임받지 못한 순회 설교가들로서, 오류가 있으며 이단적인 주장들을 교회당 안에서뿐만 아니라, 광장들과 그 밖의 속된 장소들에서 공개적

42) Philip Schaff, *History of the Christian Church*, vol. 6, 318-319.
43) Philip Schaff, *History of the Christian Church*, vol. 6, 319-320.

으로 퍼뜨리고 다녔다. 그자들은 거룩한 체하며 거룩을 가장(假裝)하지만, 주교나 교황에게 권위를 위임받지 않은 채 이런 일을 하고 다녔다." 며 불만을 토로했다. 주교 코트니의 주장을 살펴보면, 그 당시 로마 가톨릭 성직자들의 얼마나 권위적이고 모순적이고 무지했는가를 엿볼 수 있다. 또 기존 성직자들이 얼마나 평신도들을 무시했고, 왜곡된 편견에 사로잡혀 있는가를 확인하게 된다.[44)]

위클리프와 롤라드들의 활기찬 활동에 거세게 반발하며 일어선 자들이 있었는데, 바로 탁발 수도사들이었다. 옥스퍼드 당국자들이 대주교와 주교들의 요구를 받고 법정을 설치했으며, 옥스퍼드 대학 총장 버턴(Berton)과 12명의 박사들이 재판부를 구성했다. 재판부는 위클리프를 거명하지 않은 채, 떡과 포도주가 축성된 뒤에도 그대로 남는다는 주장과, 성찬 때 그리스도의 몸이 상징적으로 혹은 비유적으로 임할 뿐이라는 주장을 유해한 것으로 단죄했다. 이 주장은 1381년부터 위클리프가 줄기차게 1215년 제4차 라테란 공의회 이후 로마 가톨릭이 맹신해온 화체설을 공격해 온 내용이었다. 그 재판부에서 위클리프의 주장이 유해하며 이단적인 주장이라고 결론을 내린 것이다. 그러나 위클리프는 이들의 단죄에 개의치 않았다. 위클리프는 옥스퍼드 대학교에서 계속해서 자기 소신대로 설교와 강의 활동을 해나갔다. 그러나 그가 항소한 국왕의 심의회에서 랭커스터 공작 곤트의 손이 이번에는 위클리프를 반대하는 진영에 서서 그에게 옥스퍼드에서 그 주제로 더 이상 발언하지 말도록 금했다.[45)]

참으로 위클리프는 진리의 말씀에 사로잡힌 자였다. 자신의 일신상에 어떤 손해와 핍박이 오더라도 성경의 가르침으로 무장된 자신의 양심에

44) Philip Schaff, *History of the Christian Church*, vol. 6, 320.
45) Philip Schaff, *History of the Christian Church*, vol. 6, 320.

거슬리는 주장과 거짓 교리에는 추호도 타협하지 않았다. 그의 진리에 대한 확신과 하나님 앞에서의 불굴의 용기를 160년 뒤에 출현한 마틴 루터가 그대로 본받은 듯하다.

1381년 같은 해에 영국에서 농민 반란이 발생했다. 위클리프가 영국에서 발생한 농민 반란에 동정심을 가졌다는 증거는 보이지 않는다.윌리엄 코트니가 캔터베리 대주교로 승진한 것은 위클리프에게는 좋은 조짐은 아니었다. 그는 위클리프에 대해서 더 적대적이었고, 단호했기 때문이다. 1382년에 그는 영국사에서 회의 도중에 지진이 느껴졌다는 이유로 '지진 교회회의' 로 알려진 교회회의를 소집했다. 그 대주교는 9명의 주교들의 지지를 받았다. 회의 도중에 지진이 일어나 주변이 흔들리기 시작했다. 이때 대주교는 이것은 아주 좋은 징조라고 해석을 했다. 이 지진이 소동과 해학(諧謔)을 쓸어버리기 위해서 성직자단에 공감을 표시하는 명백한 증거라고 주장했다. 이 말의 함의는 영국 사회에 소동을 일으키고 기존 가톨릭 교리를 날카롭게 풍자와 해학으로 비판하는 위클리프를 제거해야 하는 하늘의 뜻이라며 자가당착의 해석을 한 것이다. 그 지진회의에 참석하지 않았던 존 위클리프는 지진 사건을 전혀 다르게 해석했다. "주님께서 지진을 보낸 이유는 분명하다. 탁발 수도사들이 성례전에 사악한 이단적 요소를 도입했기 때문에 그리스도께서 본디오 빌라도에게 사형판결을 받으시고 육체의 죽임을 당하실 때, 그 부당함을 고발하기 위해서 땅이 진동하였듯이, 이번 지진회의 때에도 땅이 심하게 흔들린 것이다."46)

교회회의는 존 위클리프가 주장한 24개 명제 가운데 10개는 이단적이라고 지목했고, 나머지는 교회의 결정을 거스른 것으로 단죄했다. 이단의

46) Philip Schaff, *History of the Christian Church*, vol. 6, 321.

단죄를 당한 명제들 가운데 중요한 네 가지는 그리스도께서 성찬 때 육체로 임하시지 않는다는 것과 한 영혼이 임종 시에 구두로 고백성사를 반드시 할 필요가 없다는 것과 우르반 6세가 죽은 후에는 영국 교회가 어떠한 교황도 인정하지 말아야 하며, 그리스인들과 마찬가지로 영국 스스로 자치(自治)를 시행해야 한다는 것과 그리고 성직자들이 세속 재산을 소유하는 것은 성경의 가르침에 위배된다는 것이었다.

캔터베리 대주교가 된 윌리엄 코트니는 사소한 불순종도 용납하지 않겠다는 태도로 옥스퍼드 총장 리게(Rygge)와 대학의 학생감들을 램버드(Lambeth)로 소환한 뒤 무릎을 꿇린 채 자신이 지시한 바를 이행하겠다는 다짐을 받았다. 영국 의회가 윌리엄 코트니를 지지했다. 이로 인해 위클리프로부터 시작된 새로운 교훈과 가르침이 탄압을 받았으나, 그는 조금도 굴복하지 않았다. 위클리프는 4개 조항의 항의서를 작성해서 영국 왕과 의회 앞으로 보냈다. 교회 재산에 관해서 영국 법이 수위권을 갖는다고 주장했다. 그리고 탁발수도사들이 잘못된 수도회 규칙을 버리고 그리스도의 규율을 따라야 한다고 주장했다. 그리고 성찬 때 떡과 포도주의 우유성(accidents)뿐 아니라 본질도 그대로 남아 있다는 견해를 주장하며 화체설의 잘못을 반복해서 지적했다.[47)]

영국 왕실은 가톨릭교회의 성례전의 핵심이라고 할 수 있는 화체설을 공격하는 위클리프를 더 이상 지지하지 않고자 했다. 영국 왕 리처드 2세(Richard II, 1367-1400)는 옥스퍼드 대학 총장 리게(Rygge)에게 독단적인 명령을 내려서 위클리프의 가르침들을 규제하도록 했다. 윌리엄 코트니가 직접 옥스퍼드 대학을 방문했다. 위클리프가 세인트 프리드와이즈(St.

---

47) Philip Schaff, *History of the Christian Church*, vol. 6, 322.

Frideswides) 교회에서 그 대주교를 다시 만났다. 그곳에서 위클리프를 정죄하는 종교재판이 열렸기 때문이다. 그 세인트 프리드와이즈 종교회의에서 위클리프의 모든 저서들과 위클리프의 추종자요, 영어 성경 번역에 큰 기여를 했던 헤리포드(Hereford)의 저서들이 정죄를 받았고 금서로 규정되었다. 위클리프는 설교 금지령을 받았으며, 옥스퍼드 교수직을 박탈당하고 루터워스(Lutterworth) 그의 교구로 물러갔다. 위클리프를 지지했던 많은 지지자들이 강력한 핍박 앞에 무릎을 꿇었고, 위클리프 지지를 철회했다. 위클리프 진영 전체가 강한 타격을 받고 휘청거렸다. 위클리프는 더 이상 옥스퍼드 대학에서 가르칠 수 없었다.[48)]

6) 위클리프 학설

위클리프의 학설은 그의 많은 저서들 가운데 분명하게 나타나있다. 그는 빼어난 학자로, 정치 개혁가로, 탁월한 설교가로, 신학 사상의 혁신가로, 무엇보다 성경 번역가로 이름을 날렸다. 그는 각분에 방대한 양의 글을 남겼다. 그의 신학적 견해는 중세 교회의 오류와 부패를 고발하는 방향으로 나아갔다. 적들로부터 숱한 공격을 당하는 과정에서 그는 중세 교황청의 오류들을 명쾌하게 깨닫게 되었다. 무엇보다 성경을 연구하면서 중세의 특징적인 신학 체계에 대립되는 새로운 신학 체계를 세우지 않을 수 없었다.

① 학자로서 위클리프: 위클리프는 그가 자주 인용하는 로버트 그로스테스트(Robert Grosseteste, 1168-1253) 이후 옥스퍼드 대학교에서 장기간 교편을 잡은 가장 탁월한 학자였음에는 논란의 여지가 없다. 위클리프는 안셀름(Anselm, 1033-1109)에서부터 둔스 스코투스(Duns Scotus, 1265-

---

48) Philip Schaff, *History of the Christian Church*, vol. 6, 322.

1308), 토마스 브래드워딘(Thomas Bradwardine, 1290-1349), 리처드 피쯔랄프(Richard Fitzralph, 1290-1360), 겐트의 헨리(Henry of Ghent)에 이르기까지 폭넓게 공부했으며, 중세 신학자들을 뛰어넘어 크리소스톰(Chrysostom, 345-407)과 어거스틴(Augustine, 354-430)과 제롬(Jerome, 345-419) 그리고 라틴 교부들에도 정통했다. 그는 작품 속에 많은 저자들의 글을 인용했으나 연륜이 쌓일수록 성경의 진리를 최후의 종착역으로 삼았다. 그는 온건한 실재론자였으며, 유명론에 대해서는 비판적이었다. 브래드워딘의 결정론을 피하려고 노력했으나, 필연의 교리가 의지의 자유를 배제하지 않는다고 주장했다. 의지는 철저히 자유로워서 강요당할 수 없다고 보았다.[49]

② 애국자로서 위클리프: 위클리프는 단호하고 비타협적인 자세로 외세를 배척하고 영국민의 자치를 강조하며 민족적 자존심을 높여갔다. 그는 국내에 들어와 있는 외국의 관할권 체제에 대항하여 비판의 목소리를 높였다. 교회의 토지 보유권에 대해서도 강도 높게 비판했다. 성직자들의 세속 관직 보유에 대해서도 비판했다. 대주교 서드베리가 농민 폭동 때 살해당했을 때에는 그가 대법관 관직을 보유하고 대주교직을 겸업했기에 하나님의 심판을 받아 죽었다고 했다.[50]

③ 설교자로서 위클리프: 위클리프의 줄기찬 강단 사역과 그의 설교가 끼친 영향을 어떻게 다 묘사할 수 있을까? 그는 종교개혁 이전의 영국 설교자들 가운데 독보적인 인물이었다. 그의 영어 설교 가운데 294편과 라틴어 설교 224편이 오늘까지 보존되고 있다. 설교 외에도 주기도문, 성경

49) Philip Schaff, *History of the Christian Church*, vol. 6, 325-326.
50) Philip Schaff, *History of the Christian Church*, vol. 6, 327.

에 나오는 찬송가들, 일곱 가지 죽을 죄와 그 밖의 주제들에 관한 영어 강해들을 발견할 수 있다. 그의 영어 설교 양식은 아주 단순하며 직설적이다. 마틴 루터도 영국의 종교개혁자 존 위클리프처럼 교회의 폐습들을 명쾌하게 비판하는 설교를 하지 못했다. 설교의 면면이 실제적 신앙 강해와 교황과 세속적 고위 성직자들을 질책하는 내용이 결합되어 있다. 그들이 그리스도의 양들을 목양하는 참된 사명에서 떠나 세상의 이익과 향락을 좇고 있으므로 적그리스도요, 악마의 종들이라고 비난했다.[51] 또 위클리프는 성지순례와 면죄부와 같이 성경 어디에서도 가르치지 않는 거짓 교훈들을 단죄했다. 특히 그의 설교는 탁발 수도사들을 호되게 책망하는 설교를 했다. 탁발 수도사들이 양들에게 참된 복음을 전함으로 양들의 죄를 드러내고 회개하도록 돕지 않고 탐욕이 가득하여 돈만 밝혔기 때문이다. 위클리프는 다른 저서나 설교에서도 탁발 수도사들의 재산을 몰수하여 가난한 사람들에게 나눠주어야 한다고 역설했다. 위대한 설교자였던 위클리프는 항상 평신도의 권리를 담대하게 변호했다. 그는 마틴 루터 앞서서 만인제사장주의의 물길을 열고 있었다.

그의 저서 『목회자 직분』(*The Pastoral Office*)은 신실한 목회자의 의무들을 다루고 있으며, 그의 설교들은 목회자들에게 가장 중요한 임무가 설교에 있음을 강조하고 있다. 설교가 '가장 숭고한 봉사' 라고 했으며, 그리스도께서도 메시야 사역에서 설교에 가장 많은 힘을 쏟으셨다고 했다. 그리고 말씀을 선포함이 성례를 집례함보다 더 중요한 업무라고 했다.[52]

위클리프는 주의 일꾼들의 참된 자세가 어떠해야 하는가를 이렇게 의미심장하게 묘사하고 있다. "사제는 기도와 영적인 소원과 거룩한 생각과 경

---

51) Philip Schaff, *History of the Christian Church*, vol. 6, 328-329..
52) Philip Schaff, *History of the Christian Church*, vol. 6, 328-329.

건한 대화와 정직한 가르침에서 하나님의 계명들과 복음의 말씀들을 늘 입술에 둔 채 거룩한 생활을 해야 한다. 그리고 그의 행실을 의롭게 함으로 아무도 흠을 찾을 수 없도록 해야 한다. 그리고 공개적으로 행동하며 모든 삶에 본이 됨으로 죄 많은 악한 인간들이 회개하고 돌이켜서 하나님을 섬길 수 있게 하는 참된 교과서가 되어야 한다. 목회자가 선한 삶의 본을 보일 때, 그저 말뿐인 설교보다 사람들에게 더욱 큰 감동을 준다."[53]

이런 위클리프의 주장은 150년 뒤에 출현하게 될 종교개혁자들을 멀리서 조망하는 것 같다. 그러나 교황청과 가톨릭 당국자들에게 위클리프 주장 하나하나가 이단적으로 보였고, 눈에 가시처럼 보였을 것이다. 교황청과 기존 가톨릭 측의 연대기 저자 월싱함(Walsingham)이라는 자는 위클리프를 이렇게 악의적으로 비난하고 비판했다. "캔터베리의 성 토마스 수난 축일에 마귀의 도구요, 교회의 원수요, 민중에게 혼란을 끼친 장본인이요, 위선자들의 표상이요, 이단들의 우상이요, 분열의 원흉이요, 증오의 씨앗을 뿌리는 자요, 거짓말쟁이 존 위클리프가 하나님의 심판을 받아 중풍에 걸려 죽었다."[54] 그들은 하나님의 진리를 바르게 분별하고, 그 말씀대로 거룩하고 경건하며 정의로운 삶을 살고자 힘썼던 의인 존 위클리프를 이단자로 단죄하는 큰 잘못을 범했다.

④ 교리 개혁가로서 위클리프: 위클리프의 후기 저서들을 보면 당대의 가톨릭 기존 교리들을 부정하고 교회의 폐습을 비판하는 내용이 많이 수록하고 있다. 그레고리 11세가 지적해 낸 19가지 오류 목록으로 시작해서, 갈수록 가톨릭 당국에서 고발하는 오류 목록이 늘어나게 되었다.

위클리프는 우르반 6세가 죽고 난 후에는 교황제가 완전히 폐지되어야

53) Philip Schaff, *History of the Christian Church*, vol. 6, 329.
54) Philip Schaff, *History of the Christian Church*, vol. 6, 324.

한다고 주장했다. 그리고 성직자들이 세속적 재산을 소유해서는 안 된다고 주장을 했고, 탁발 수도사들은 구걸하면서 민폐를 끼치지 말고, 노동으로 생계를 유지해야 한다고 주장했다. 그리고 교황 실베스터와 황제 콘스탄틴이 교회의 재산을 유증한 것이 큰 잘못이었다고 주장했으며, 추기경들에 의해서 교황을 선출하는 것은 아주 악마적인 발상이라고 비난했다. 그리고 로마 교회가 모든 교회들 가운데 으뜸이라고 믿는 것이 구원에 필수적이라고 주장하는 것을 너무나 터무니없는 억지 주장이라며 비난했다. 그리고 모든 수도회들이 마귀에게서 나왔다고 과격한 주장을 했다.[55)]

당시 머리에 높은 관을 쓰고 있는 고위 성직자들과 사제들, 수사들과 참사회의원들 그리고 탁발수도사들과 체발을 한 사람들이 아무리 하나님의 법을 모욕적으로 어기고 있을지라도 그들이 모여 있으면 거룩한 교회라고 생각했다. 위클리프는 이것은 전혀 사실이 아니라고 주장했다. 하나님의 말씀대로 순종하며 살지 않는 자들은 아무리 높은 직위의 성직을 소유했다고 예정 받은 자라고 할 수 없다고 했다. 추기경들과 교황들이 높은 직위에 선출되었다는 그 사실로 교회의 수위권이 저절로 확립된다고 생각하는 것은 신성모독적인 발상이라고 했다. 교황청의 구성원들이 그리스도를 인격적으로 따르지 않을 경우 교황청은 이단들의 소굴이요, 독이 솟구치는 샘이요, 성경에 언급된 멸망의 가증한 것이다. 위클리프는 연일 자신을 맹공하는 그레고리 11세를 소름끼치는 악마라고 불렀다. 하나님께서 교회에 큰 긍휼을 베푸셔서 그를 심판하여 죽게 하셨고, 그의 공모자들을 다 흩어 버리셨으며, 우르반 6세를 통해서 그의 죄악을 밝히 드러내셨다고 했다.[56)]

---

55) Philip Schaff, *History of the Christian Church*, vol. 6, 329-330.
56) Philip Schaff, *History of the Christian Church*, vol. 6, 331.

교황제에 대해서 위클리프만큼 교황뿐만 아니라, 교황제 제도 자체를 신랄하게 비판한 사람은 없었다. 그는 말년에 논문들과 설교들에서 교황을 적그리스도라고 낙인찍었다. 죽음이 그를 덮치기까지 붙들고 있었던 그의 마지막 작품이 바로 『적그리스도』(*Anti-christ*)였다. 그 적그리스도는 바로 교황을 두고 한 말이었다. 그는 교황을 악마의 수석 대리자라고 했다. 교황이라는 직분이 대단히 유해하다고 보았다. 그는 교황을 높여서 "교황 성하(聖下)"라고 부르는 것에 조소를 퍼부었다. 교황은 교회에 꼭 필요한 직분이 아니라고 잘라 말했으며, 교황이 아무 잘못이 없다(infallible)고 주장하는 것은 터무니없는 억지주장이라고 했다. 교황들과 그들 휘하의 추기경들을 모조리 붙잡아 지옥 불에 던진다 하더라도 신자들은 그들 없이도 넉넉히 구원을 받을 수 있다고 했다. 그들의 직분은 그리스도께서 제정하신 것이 아니라 악한 마귀가 제정한 것이라고 했다. 교황은 성경의 가르침을 선포하거나 최고의 법을 공포할 독점권을 전혀 지니지 않는다. 그리스도께서 인간의 죄를 먼저 용서해주지 않으면 교황이나 주교들의 사죄가 아무 소용이 없다. 마귀들이 아무리 저주해 봐야 효력이 없듯이 교황들도 아무리 파문의 권리를 행사해 봐도 소용이 전혀 없다. 교황들 가운데 상당수가 저주받아 지옥에 떨어졌다. 이런 주장들이 대단히 강경한 것이었으나, 위클리프가 교황제 자체를 부정하려고 한 것 같지는 않다. 그러나 교황청이 그리스도의 법을 따르는 한에서만 그것에 복종해야 한다는 원리를 거듭해서 진술해 왔다.[57)]

마태복음 16:18절 "또 내가 네게 이르노니 너는 베드로라. 내가 이 반석 위에 내 교회를 세우리니 음부의 권세가 이기지 못하리라." 에 대한 해

---

57) Philip Schaff, *History of the Christian Church*, vol. 6, 332.

석에서 위클리프는 '반석'이 베드로와 모든 성도들을 상징하는 말씀이라고 해석했다. 또 마태복음 16:19절 "내가 천국 열쇠를 네게 주리니 네가 땅에서 무엇이든지 매면 하늘에서도 매일 것이요, 네가 땅에서 무엇이든지 풀면 하늘에서도 풀리리라."에서 천국의 열쇠도 일반 백성들이 생각하는 것처럼 금속 열쇠가 아니라, 영적 권세를 상징하며, 그것이 베드로뿐만 아니라 모든 성도들에게 주어지는 권세라고 해석했다. 천국에 가는 사람들은 모두 하나님이 주신이 이 열쇠를 가지게 된다고 했다. 교황이 세속 정치에 개입하는 것에 대해서 위클리프는 더욱 강렬하게 비판했다. 그리스도께서 가이사에게 세금을 내셨으므로 교황도 마땅히 세금을 내야 한다고 주장했다. 교황이 세상의 왕들을 폐위시키는 것은 악마적 독재행위라고 비판했다. 하나님께서 맡기신 자들을 주장하는 자세로 하지 말고, 다만 양들의 본을 보이며, 양들을 먹이라고 한 베드로 사도의 훈계를 저버림으로써 교황과 그의 일당들은 완고한 이단자들임을 스스로 증명하고 있는 것이다.[58]

7) 탁발 수도사 비판

위클리프는 당시의 사제들과 탁발수도사들에게도 맹렬한 공격을 했다. 비밀 고해성사에 대해서도 비판을 했다. 사제 앞에 찾아가서 비밀 고해성사를 하지 않고, 진실한 마음으로 통회하며 회개하는 것으로도 얼마든지 죄사함을 받을 수 있다고 했다. 고해성사를 하는 고해소에서 사제들이 불륜을 저지르는 일이 발생하기도 하는 등, 위험을 안고 있다고 지적했다. 성지순례도 남녀가 함께 뒤섞여 갈 경우 큰 유혹과 폐단이 따르고 있다고 했다. 성직자 독신제에 대해서 위클리프는 아주 비판적이었다. 성직자들의 독신을 강요하는 것은 성경에 위배된다고 했다. 구약 시대에 제사장들이

58) Philip Schaff, *History of the Christian Church*, vol. 6, 333.

결혼하여 살았듯이 신약시대에도 사제들의 결혼을 결코 금하지 말아야 하며, 허용해야 한다고 주장했다.[59)]

여기서 볼 때, 위클리프가 16세기 종교개혁의 주역들보다 약 150-200년 앞서 살았지만, 그의 주장이 얼마나 선명하게 종교개혁의 방향성을 제시하는가를 확인하게 된다. 그의 주장은 오늘날 개혁주의 신앙 노선과 너무나 일치함을 확인하게 된다.

위클리프는 탁발 수도사들을 향하여 예리한 비판을 가해왔다. 그들은 교황의 뜻에 맹목적으로 굴종하는 대리인들이었다. 그들은 성찬에 대한 잘못된 견해를 퍼뜨렸다. 면죄부와 종교 단체의 서신들을 상품화하여 팔아먹었다. 수도사들의 입에는 거짓이 가득하고 손에는 피가 가득했으며, 그들은 집집에 들어가서는 여자들을 미혹했다. 그리고 무위도식했고, 영국 백성들을 괴롭혔다며 그들의 악행과 비리를 고발했다.[60)]

존 위클리프는 당시 영국에서 관습적으로 행해져 왔던 명상 생활의 잘못에 대해서도 강하게 비판했다. 사람들에게 자신들이 본 환상과 꿈이 하나님의 계시를 받은 명상이라고 착각에 빠지게 하고, 세상을 등지고 수도원이나 기도원에서 게으른 생활을 하면서도 회개하지 않고 변명만 일삼는 그들은 사탄의 계략에 빠진 자들이라고 비판했다. 세례 요한과 예수 그리스도는 광야에서 기도를 할 때도 있었지만, 세상 사람들 가운데 나아가 참된 복음과 진리를 선파하기 위해서 광야를 떠나셨다고 했다. 위클리프는 당시 수도원들을 가인의 성들(Cain's castles)이라고 불렀다. 그리고 민폐를 끼치고 있던 탁발수도사들을 노략하는 이리들이요, 사탄의 자식들이요, 적그리스도의 사자들이라고 비난했다.[61)] 위클리프가 막강한 세력을 형성하

59) Philip Schaff, *History of the Christian Church*, vol. 6, 334.
60) Philip Schaff, *History of the Christian Church*, vol. 6, 334-335.

고 있었던 탁발 수도사들을 비판하는 데도 상당한 용기가 필요했다.

1215년 라테란 공의회에서 이노센트 3세(Innocent III, 1198-1216)가 화체설을 공식화한 이후에 화체설은 중세 가톨릭의 핵심이요, 근간이 되는 교리였다. 아무도 화체설 교리에 대해서 문제제기를 하거나 다른 의견을 낼 수 없었다. 화체설은 신성불가침 영역과 같았다. 그런데 존 위클리프가 화체설의 거짓됨과 오류를 공개적으로 비판하고 지적했다. 그는 성찬에 관한 논문에서 자신이 이 잘못된 화체설의 오류를 깨닫고 그 거짓 교리에서 해방된 것에 대해서 하나님께 감사하고 하나님을 찬양했다. 떡과 포도주를 앞에 두고 성직자가 축성기도를 하면 그 떡과 포도주가 그 본질이 변하는 교리를 가리켜 그는 우상숭배요, 꾸며낸 거짓말이라고 단언했다. 존 위클리프는 그보다 185년 뒤에 출현하게 될 존 칼빈(1509-1564)의 주장과 같이 주님의 영적 임재(the spiritual presence)를 주장했다. 그리스도의 몸은 그 소재에 관한 한 하늘에 계신다고 했다. 그리스도는 성찬 때, 떼어진 떡에 성례적으로, 영적으로 임하신다. 화체설은 모든 이단들 중에서 가장 큰 이단이며, 논리와 문법에 어긋나며, 자연 과학에 위배된다고 했다.[62)]

위클리프는 중세로마 교회의 잘못된 체제를 부정했고, 잘못된 교리와 교황과 그의 추종자들의 온갖 비리와 부정을 고발했고, 성경적이고 진보적인 견해로 자신의 시대를 훨씬 앞서 나갔으며, 개신교 종교개혁의 물길을 열어가고 있었다.

8) 위클리프의 노년

1381년 위클리프는 더욱 담대하게 로마 가톨릭의 화체설(transubstan-

---

61) Philip Schaff, *History of the Christian Church*, vol. 6, 335.

62) Philip Schaff, *History of the Christian Church*, vol. 6, 337.

tiation) 교리는 잘못이라고 선언했다. 그는 주장하기를 주의 만찬에서 사제나 성직자가 기도를 한다고 해도 빵과 포도주는 그 본체가 변하지 않고, 단지 예수 그리스도의 몸과 피를 상징한다고 했다. 위클리프의 보호자였던 왕의 아들 곤트의 존은 위클리프가 로마 교회의 핵심 교리에 급소를 강타하는 그의 주장을 받아들일 수 없었다. 그는 위클리프에게 이 화체설에 대해서 더 이상 언급하지 말고 잠잠히 있으라고 경고했다.

그 당시 위클리프는 자신이 곤트 존의 명령을 거절할 때 그의 실제적인 보호를 받지 못하며 홀로서기를 해야 된다는 사실을 알았을지라도 잠잠하지 않았다. 곤트 존은 이 일 때문에 위클리프와 갈라섰고, 더 이상 그의 후견인 노릇을 하지 않았다. 위클리프는 그 때 옥스퍼드에서 가르치는 자격을 박탈당했고 추방되었다. 그 후 그는 루터워스(Lutterworth) 교구로 퇴각하여 그곳에서 죽을 때까지 거주했다. 같은 해 1381년에 리처드 2세 영국왕의 압력을 받은 옥스퍼드 대학 총장 리게(Rygge)는 위클리프에 의해서 가르쳐진 주의 만찬에 대한 논문은 명백한 이단 교설이므로 공식적으로 금지한다는 포고문을 발표했다. 다음 해 1382년에 대주교 윌리엄 코트니는 옥스퍼드 대학교에 위클리프가 설교하는 곳에 참석하면 안 된다고 금지 명령을 내렸다.[63)]

화체설 부인으로 인해 극도로 강퍅해져 있었던 교회 당국이 마침내 위클리프를 몰아붙일 결정적인 구실을 잡을 수 있는 농민반란 사건이 1381년에 발생하였다.[64)] 캔터베리의 대감독인 서드버리의 시몬(Simon of Sudbury)이 농민폭동 때에 살해되었다.[65)] 이 사태는 위클리프와 직접적

63) David W. Cloud, "John Wycliffe and The First English Bible", available from http://www.wayoflife.org/articles/johnwycliffe.htm; Internet; accessed on 31 August, 2003.

64) 김익원, 95.

인 관련은 없는 일이었지만 그의 반대 세력들은 이 사건을 그를 탄핵할 절호의 기회로 삼으려 했다. 이제 위클리프 자신은 물론 그의 추종자들이 벌이고 있던 롤라드 운동까지도 타격을 받게 되었다. 1382년에 이르러 농민 반란을 주도했던 타일러(Tyler)가 체포되고 농민 폭동이 어느 정도 정돈되고 난 뒤, 캔터베리 대주교는 런던 회의를 열고 위클리프를 정죄하였다. 대감독 시몬(Simon)이 죽고 난 후 그의 계승자가 된 윌리엄 코트니(William Courtenay, 1381-1396)는 시몬보다 더욱 활달한 사람이었고, 위클리프에 대해서 더욱 적대적이었다. 위클리프의 많은 작품들이 1382년 5월 런던의 세인트 프리드와이즈(St. Frideswides) 교회에서 열렸던 종교회의에서 정죄를 받았다. 그리고 옥스퍼드에서 그의 추종자들은 모두 항복했으며, 그의 모든 작품들이 금서로 규정되었다. 그해에 위클리프는 과중한 스트레스로 인해 1382년 11월에 루터워스(Lutterworth)에서 뇌출혈로 쓰러졌다.[66]

존 위클리프가 루터워스 교구에 퇴각 후에 실행하게 된 기념비적인 사건이 바로 영어 성경을 번역하여 출판한 것이다. 특히 그의 신약성경 번역은 읽기 쉬우면서도 생동감이 넘쳤다. 이 성경은 영국인들의 신앙 성장과 경건성 회복에 큰 기여를 했다. 특히 영어 발전에도 지대한 공헌을 하였다. 영어 성경은 위클리프 사후 1388년에 위클리프의 제자였던 존 퍼비(John Purvey, 1354-1421)에 의해 전반적으로 개역되었고, 또 롤라드 단원들에 의해 영어 성경이 영국 전역으로 광범위하게 유포되었다.[67]

그가 성경을 번역하였을 때 가톨릭 당국자들의 적대감이 크게 고조되었

65) *Encyclopedia Britannica Dictionary*, 787.

66) *Encyclopedia Britannica Dictionary*, 787.

67) 임영천, “개혁의 선구자 존 위클리프”, 『월간 목회』(1984년 10월): 112-13.

다. 그의 영어 성경 번역을 보고 주교들은 경악과 분노로 가득차게 되었다. 노골적으로 주교들은 거룩한 성경을 영어로 읽고 말하는 것은 이단적이라고 했다. 그러나 위클리프는 영어 성경을 비난하는 자들을 향하여 비판의 목소리를 높였다. "그 자들은 하나님이 분정해주신 모든 언어로 말하도록 사도들에게 역사하신 성령님을 대적하는 신성 모독의 죄를 범하고 있다." 고 대꾸했다. 이때 레이체스터(Leicester)의 대성당 참사회 의원 중에 한 사람인 킹톤(Kynghton)은 위클리프가 영어로 성경을 번역한 것을 보고 분개하면서 말했다. "세상에 평신도들과 여자들까지 성경을 읽도록 해놓다니! 위클리프는 복음의 진주를 돼지 발아래 내던지고 있다." 이것이 위클리프 당시 로마 당국자들이 하나님 말씀에 대해서 가졌던 일반적인 견해였다.[68)]

이토록 다양한 어려움과 원수들의 위협 가운데서도 위클리프가 생존할 수 있었던 것은 그의 후원자로서 왕비 조안(Queen Joan, 1328-1385)이 있었기 때문이다. 그녀는 검은 군주(Black Prince, 1330-1376)의 아내였고, 리처드 2세(Richard Ⅱ)의 어머니였다. 또 한 여성 후원자가 더 있었는데 그녀는 리처드 2세(Richard Ⅱ, 1367-1400)의 아내 왕비 앤(Queen Ann, 1366-1394)이었다. 그녀는 신성 로마 황제 찰스 4세(Charles Ⅳ, 1316-1378)의 딸이었고, 보헤미아(Bohemia)의 왕 벤첼(Wenzel, 1378-1419)의 누이였다. 왕비 앤이 영국의 리처드 2세와 결혼하기 위해서 영국에 처음 왔을 때 열여섯 살의 십대 소녀였다. 그녀는 하나님의 말씀을 심히 사랑했었다. 교양 있는 앤은 이미 보헤미아어, 독일어, 라틴어를 익히 알고 있었다. 심지어 그녀는 라틴어와 체코어, 독일어로 된 성경 사본들을 소장하고 있었다.[69)] 그녀는 위클리프와 같은 하나님의 사람들을 적극적으로 보호해

68) Cloud, "John Wycliffe and The First English Bible".

주었다. 그녀는 오래지 않아 영어를 습득했다. 그녀는 몇 년 동안 위클리프가 번역한 영어로 된 성경을 부지런하게 숙독했다. 하지만 안타깝게도 그녀는 젊은 나이로 세상을 떠나게 되었다. 요크의 대주교(Archbishop of York)는 장례식 설교에서 그녀를 회고하면서 이렇게 말했다. "비록 그녀는 이방인이었지만 영어로 된 사복음서를 계속적으로 공부했다. 사복음서 외에도 경건 서적을 많이 읽었다. 그녀는 고위성직자들보다도 더 열심히 성경을 읽고 연구했다." 또 래핀(Rapin)은 그녀에 대해서 이렇게 회고했다. "왕비는 위클리프 사상에 매우 심취해 있었다. 만약에 그녀가 좀 더 오래 살았었더라면 위클리프 추종자들을 보호해 줄 수 있었을 것이다." 그 왕비는 위클리프 책의 복사본을 영국 내 여러 지역으로 보냄으로써 복음을 전파하고 진리를 보급하는 일에 많은 도움을 주었다. 그 경건한 왕비는 1394년 유월에 27세의 꽃다운 나이에 하늘나라로 갔다."[70] 하나님은 위클리프의 생명을 보호하기 위해서 이런 든든한 후원자를 예비하여 놓으셨다.[71]

위클리프는 그동안 저술 활동으로 그의 힘을 다 소진했고, 그의 건강은 악화되었다. 위클리프가 중풍에 걸리기는 했지만 자신의 주장을 알리는 펜대는 그 어느 때보다도 활발하게 움직이고 있었다. 그는 불편한 몸으로도 자기의 교리를 요약한 13권의 대작을 이때 발표한 것을 볼 때, 그가 얼마나 열정적이었는가를 보여주고도 남는다.[72]

그를 넘어뜨린 중풍 병은 그를 불구자로 만들긴 했으나 완전히 무능하게 하지는 않았다. 그는 교황 앞에 출두하라는 명령을 받았지만, 조금도

---

69) Philip Schaff, *History of the Christian Church*, vol. 6 (Peabody: Hendrickson Pulishers, 2011), 359.

70) Cloud, "John Wycliffe and The First English Bible".

71) Ibid.

72) 김익원, 97.

위축되지 않는 큰 확신으로 교황에게 다음과 같이 답변했다. "나는 어떤 인간의 권위보다 그리스도의 법에 복종할 의무가 있으며, 그리스도께서는 모든 인간들 가운데 가장 가난한 삶을 사셨고, 세속 권위에 복종하셨다. 만약 베드로, 바울 혹 그 어떤 성인들이라도 그들이 그리스도를 본받는 삶을 살지 않는다면 우리는 그들을 추종할 필요가 없다. 교황은 모든 세속 권위를 버리고 자신의 성직자들에게도 그렇게 하도록 해야 한다." 위클리프는 이렇게 자신의 단호한 입장을 전달한 후에, 만약 자신의 이런 견해에서 어떤 잘못이 발견되어진다면, 자신은 기꺼이 교정을 받을 의향이 있으며, 사형도 달게 받겠다고 주장했다.

그는 1382년 11월에 처음 쓰러진 이후, 1384년 12월 29일 예배 참석 중에 두 번째로 뇌출혈로 쓰러졌고, "아무도 끌 수 없는 종교개혁의 불을 붙여 놓은 채" 12월 31일에 세상을 떠났다.[73] 그는 자기가 섬기던 교회 부속 묘지에 안장되었다. 토마스 풀러(Thomas Fuller, 1608-1661)는 그의 죽음에 대해서 이렇게 감동적으로 묘사하고 있다. "한 마리의 산토끼가 그렇게 많은 사냥개들에 포위되어 사냥을 당했지만 놀랍게도 그가 자기 자리에서 고요한 자태로 조용히 죽었다는 사실이 기이할 뿐이다."[74] 하나님께서 당신의 선한 주권 가운데서 위클리프를 눈동자처럼 지켜주셨고, 자기 사명을 완수한 후에 평온한 죽음을 맞이하게 도와주셨다. 그는 루터워스의 교회 묘지에 묻혔다. 그가 아식 공식적으로 피문당하지 않았기 때문에 그것이 가능했다. 그러나 1428년에 링컨(Lincoln)의 주교는 1415년 콘스탄스 공의회의 명령에 순종하여, 위클리프의 유해를 파내어 불태우고 재를 스위프트(Swift)강에 뿌렸다.[75] 그랬을지라도 그의 가르침은 계속해서 살

73) Philip Schaff, *History of the Christian Church*, vol. 6, 323; Walker, 432.

74) Philip Schaff, *History of the Christian Church*, vol. 6, 324.

아있었고 로마 교회는 그를 침묵하게 할 수 없었다. 토마스 풀러(Thomas Fuller)는 콘스탄스의 판결 집행을 영국사에 이렇게 기록하고 있다. "그들은 위클리프의 뼈들을 불살라 재로 만들어서 스위프트(Swift)강에 뿌렸다. 이리하여 이 강물은 위클리프의 뼈를 태운 재를 싣고 애번(Avon)으로 들어갔고, 애번에서 세번(Severn)으로 가게 되었고, 세번에서 얕은 바다로 들어갔고, 마침내 위클리프의 재들은 넓은 대양으로 흘러들어가게 되었다. 이리하여 위클리프의 재들은 그의 신학 교리의 상징이 되었고, 그 신학 교리들은 마침내 전 세계에 알려지게 되었다."[76]

포악한 사냥개와 같은 로마 교황과 교황청의 녹을 먹고 있던 기득권자들은 위클리프의 사상을 박멸하고자 시도했지만, 그렇게 할 수 없었다. 위클리프는 죽었을지라도 그의 주님을 위한 헌신과 믿음, 성경에 대한 절대적인 신뢰와 복음에 대한 건실한 이해, 정직한 양심과 불굴의 용기, 성경의 가르침대로 살고자 솔선수범한 그의 경건한 삶과 높은 도덕성은 새벽별과 같이 찬연한 빛을 발하고 있다. 그는 영국이 배출한 가장 걸출한 신학적 사상가요, 종교개혁자요, 영국인의 고결성을 빛낸 인물임에 틀림없다.

2. 성경을 번역한 위클리프

1) 성경을 번역하게 된 배경

중세 시대에는 성경이 교회의 유일한 권위로 인정되고 있지 않았다. 교회의 권위로 상징되는 교황의 권위, 그리고 종교회의 권위로 인해서 성경의 궁극적인 권위가 인정되지 않고 있었다. 그보다 더 근본적인 문제는 성

75) Walker, 432.

76) Philip Schaff, *History of the Christian Church*, vol. 6, 325.

경이 일반 백성들에게 공개되지 않고 소수의 성직자들에게 독점되고 있었다.[77] 그래서 일반 백성들은 성경에 무엇이 쓰여 있는지, 무엇이 옳고 그런지를 판단할 근거조차 없었다. 그 결과 백성들은 영적으로 무지한 가운데 성인들의 소지품이나 유골을 섬기기도 하고, 이교적인 우상숭배를 할 수밖에 없었다.[78] 당시 하나님의 말씀에 대한 참된 설교는 어디에도 없었다. 대부분의 사람들은 성경을 한 번도 본적이 없었고, 영어로 쓰인 성경은 한 권도 없었다. 그들이 성경을 보았더라도 성경을 읽을 수 없었다. 왜냐하면 성경이 어려운 라틴어로 쓰여 있었기 때문이다. 대부분의 사람들은 그들이 교회와 성례전에 예속되어 있다고 믿고 있었다. 그들은 면죄부를 사야만이 죄 사함을 받을 수 있다고 생각했다.

당시 영국에는 탁발수도사들이 주기도문을 라틴어에서 영어로 번역하여 사용하고 있었는데, 위클리프는 왜 이들이 성경에 나오는 주기도문만 영어로 번역하고 다른 복음서의 내용들은 영어로 바꾸지 않았는가에 대한 강한 의문이 있었다. 이에 위클리프는 성경 번역에 대한 절실함과 절박한 책임감을 느꼈다. 그는 성경을 모국어로 번역함으로 중세 가톨릭교회의 잘못된 관습과 전통, 그리고 교황제의 폐단과 그 죄악상을 백일하에 드러내고자 했다. 그리고 영적으로 무지하며 갈급한 백성들에게 성경 말씀으로

---

77) 1229년에 툴루즈 종교회의(Council of Toulouse)에서 평신도들이 성경 읽는 것을 공식적으로 금시하였다. Cf. Philip Schaff, *History of the Christian Church*, vol. 6, 341.

78) Estep, 6-8. 데이비드 클라우드(David W. Cloud)는 그의 소논문에서 중세 시대의 참혹함을 이렇게 묘사하고 있다. "로마 가톨릭 교회는 자국어로 된 성경을 번역하고 배포하는 일을 강력하게 방해함으로 또 성경을 번역하고자 시도하는 크리스챤들을 가차 없이 핍박함으로, 자신들의 전통으로 성경책에 수의를 덮어 씌웠으며, 성경과 백성 사이에 사제들을 배치시킴으로서 유럽을 캄캄한 어둠 속에 붙들어 두었던 것이다." David W. Cloud, "John Wycliffe and The First English Bible," available from http://www.wayoflife.org/articles/johnwycliffe.htm; Internet; accessed on 31 August, 2003.

영의 양식을 공급하고자 했다.

로마 가톨릭 당국자들은 평신도들은 성경을 읽을 수 없다고 강하게 주장했는데,[79] 평신도들이 성경을 이해할 수 없다는 주장에 반대해서 위클리프는 성령께서 평신도들에게도 이해할 수 있는 힘을 주실 수 있다고 답했다.

> 신약성경은 권위로 가득 차 있다. 구원에 가장 필요한 점에 관해서는 단순한 사람들도 이해할 수 있도록 열려 있다. 마음이 온순하고 자비의 마음을 가진 사람은 모든 성경을 완전하고 정확하게 이해할 수 있다. 그리스도는 테이블 위에 그의 법을 쓰지 않았고, 동물의 가죽에 쓰신 것도 아니며 단지 인간의 마음에 쓰셨다. 성령은 우리들에게 그리스도께서 그의 사도들에게 성경을 이해할 수 있는 능력을 열어 주신 것과 같이 성경의 의미를 친히 우리에게 가르쳐 주신다.[80]

대부분의 유럽인들처럼 영국인들이 라틴어를 읽을 수 없었기 때문에, 위클리프는 성경의 메시지가 영국인의 마음을 감동시키고 교회에 영향을 끼치려면 성경이 자국민의 언어로 바뀌어야만 한다는 사실을 절실히 깨달았다.[81] 또한 그는 성경은 하나님의 감동으로 기록된 책이므로, 모든 백성들이 이해할 수 있는 언어로 하나님의 말씀을 읽게 해야 한다고 생각했다.[82]

---

79) Cf. Philip Schaff, *History of the Christian Church*, vol. 6, 341. 교황 그레고리 11세가 위클리프를 정죄한 18가지 죄목 중, 15번째가 평신도인 집사들도 성경을 공부하고 복음을 전파해야 한다는 위클리프의 주장이 이단적인 주장이라고 정죄했다.

80) Herbert Workman, *John Wycliffe: A Study of the English Medieval Church*, vol. II (Oxford: Charendon Press, 1926), 151,

81) Estep, 65.

82) Shand, "John Wycliffe", available from http://wholesomewords.org/biography/biorpwycliffe.html; Internet; accessed on 19 September, 2003. 위클리프의 대표적 작품에는 『하나님의 통치권에 대하여』(*On Divine Lordship*), 『시민 통치권에

그는 1378년 『성경의 진실성에 대해서』(*De Veritate Sacrae Scripturae*)를 통해서 성경이 최종의 규범임을 주장했고, 성경은 구원에 필요한 모든 것을 포함하고 있기에 전통을 덧붙일 필요가 없다고 주장했다. 더구나 성직자뿐 아니라 모든 그리스도인들은 자신을 위하여 성경을 읽어야 한다고 주장하였다. 이러한 이유 때문에 그는 성경을 영어로 번역하였다. 이리하여 1380년에 그와 몇몇 절친한 동료들은[83] 성경을 영어로 번역하는 작업을 곧바로 시작했다.[84] 1380년 8월부터 1381년 여름까지 위클리프는 퀸스 칼리지(Queen's College)의 그의 연구실에 있었다. 그곳에서 그는 성경 번역 계획으로 바빴다. 가난한 전도자들인 롤라드들이 백성들에게 성경의 진리를 전해주고자 하는 요구를 해왔기 때문이다.

동료 학자들과 함께한 위클리프의 노력은 최초의 영어 성경을 역사 가운데 내놓은 쾌거를 이루게 되었다. 영어 성경 덕분에 위클리프의 추종자들은 성경과 성경의 가르침에 대해 당시 대부분의 사제들과 주교들보다 더 많은 지식을 소유하게 되었다.[85] 위대한 교회사가 필립 샤프(Philip Schaff, 1819-1893)는 "위클리프가 영국 백성들에게 물려준 최고의 공헌은 하나님의 말씀대로 살았던 그의 인격이었고, 그 다음은 성직자들과 평신도들에게 성경의 최고의 권위와 가치를 일깨워준 것이었고, 그 무엇보다 영국민들에게 영어로 된 성경을 소중한 선물로 남긴 것이다."라고 했다.[86]

대하여』(*On Civil Lordship*), 『신적 주권에 대하여』(*Of Divine Dominion*), 『국가 주권에 대하여』(*Of Civil Dominion*), 『성경의 진실성에 대하여』(*De Veritate Sacrae Scripturae*) 등이 있다.

83) 성경 번역에서 위클리프를 도운 동료들은 니콜라스 헤리포드(Nicholas de Hereford)와 존 퍼비(John Purvey)였다. Cf. Philip Schaff, 342.

84) Cf. William R. Estep, *Renaissance and Reformation* (Michigan: Eerdmans Pulishing Co., 1986), 65.

85) Ibid.

위클리프는 성경이 모든 사람을 위해서 존재한다는 그 확신이 있었다. 위클리프가 성경의 권위를 높일수록 교회의 전승이나 전통의 권위는 상대적으로 약화될 수밖에 없었다. 위클리프는 이렇게 성경의 권위를 높이면서 교황의 권위를 낮추었다.[87)]

또한 위클리프는 더 나아가 "성경은 순결한 주님의 법이요, 가장 진실하고 가장 완전하며 가장 건전한 말씀이다. 이 성경 속에는 인간의 구원을 위한 모든 필요한 요소가 다 들어 있다"라고 말했다.[88)] 우리는 그레고리 11세가 성경을 영어로 번역하고 교회를 어지럽힌 죄로 그를 이단자로 고소하며 교황의 교서를 내려 정죄할 때 위클리프가 그에게 답변한 내용을 통해서 그의 성경관을 더욱 분명하게 읽을 수 있다.

> 당신은 영어로 거룩한 성경을 번역하는 것이 이단적 행위라고 말하고 있습니다. 당신은 내가 백성들이 일상적으로 사용하는 언어로 성경을 번역하였기 때문에 이단의 괴수로 부르고 있소. 당신은 누구를 신성모독하고 있는지 알기나 합니까? 성령께서 세계 각국에 하나님의 말씀이 전파되도록 처음부터 각 나라의 언어로 하나님의 말씀을 허락하여 주지 않았습니까? 그렇다면 당신은 어찌하여 성령을 거스르며 말씀하시는 것입니까? 당신은 하나님의 교회가 이 영어로 번역된 성경 때문에 위험에 봉착하게 되었다고 말씀하고 있습니다. 어떻게 그렇게 될 수 있단 말입니까? 우리가 아는 바와 같이 하나님께서 지상에 교회와 같은 공동체를 세우신 것이 성경에 근거하고 있지 않습니까? 교회에 모든 권위를 부여하는 것이 성경이지 않습니까? 우리가 배운 바와 같

86) Philip Schaff, *History of the Christian Church*, vol. 6 (Peabody: Hendrickson Pulishers, 2011), 338.

87) Lane, 228.

88) Philip Schaff, 338-339.

> 이 교회의 창설자나 교회의 주권자는 성경으로 말미암은 것이지 않습니까? 교회를 통치하는 법이 성경으로 비롯된 것 아닙니까? 교회의 권리나 특권 역시 성경으로 말미암은 것이지 않습니까? 어찌 성경 없이 교회가 이 모든 특권을 소유할 수 있겠습니까? 교회를 위기와 혼란에 빠뜨리는 장본인은 바로 당신입니다. 왜냐하면 당신이 교회 이름으로 남용하는 권위와 교회 이름으로 요구하고 있는 잘못된 믿음으로 인해서 교회가 혼란에 빠지고 있는 것이며, 교회의 왕 되신 주님의 신적 공문서인 성경을 감추고 있기 때문에 이 위기가 초래된 것입니다.[89]

위클리프는 성경이 절대적인 하나님의 말씀이요, 최상의 권위를 가진 그리스도의 법이라는 분명한 확신과 믿음이 있었기에 그는 성경의 진리에서 너무나 빗나간 중세 교회의 썩은 부위를 과감하게 도려내고, 교회를 성경의 진리 위에 새롭게 세우고자 위대한 결심을 했다. 위클리프가 중세의 가톨릭교회의 잘못된 전통과 규례와 교황의 독재적 횡포 속에서 닫힌 책으로 방치되었던 성경을, 어둠 속에서 빛 가운데로 이끌어 냄으로써 종교개혁의 서광이 밝아오게 했다. 위클리프는 성경의 진리를 바로 세우고, 성경의 진리를 따르기 위해서 기꺼이 자기의 생명을 내어놓으며 순교를 각오하기까지 하였다.[90]

2) 성경 번역의 역사적 의의

로마 가톨릭은 1229년에 프랑스 남부의 도시 툴루즈에서 열린 종교회의(Council of Toulouse)에서 평신도들이 성경 읽는 것을 공식적으로 금지

---

89) Fountain, 48, Cloud, "John Wycliffe and The First English Bible" 에서 재인용.

90) Philip Schaff, History of the Christian Church, vol. 6 (Peabody: Hendrickson Pulishers, 2011), 340.

했다.[91] 그때부터 평신도들에게 성경은 닫힌 책이요, 그림의 떡으로 남아 있었다. 백성들은 성경을 알지 못하고 성경의 가르침을 받지 못했기 때문에 그들의 신앙은 이교도적으로 미신적으로 흘러갈 수밖에 없었다. 죽은 성인들의 유골을 숭배하였고, 성례전에 목을 매고 살았던 백성들은 영적으로 무지한 가운데서 면죄부를 사야만이 죄 사함을 받는다는 교황들의 거짓 가르침에 현혹되어 거액의 돈을 제공하고 면죄부를 사는 어리석음을 범했다.[92] 중세 가톨릭교회의 횡포와 권력 남용과 영적 우민화 정책으로 인해서 칠흑 같은 영적 어둠이 전 유럽을 뒤덮고 있을 때에, 위클리프가 성경을 영어로 번역함으로 진리의 횃불을 높이 치켜들었다. 위클리프는 성경이 모든 사람들에게 자유롭게 읽혀져야 한다는 분명한 소신이 있었다.

위클리프는 성직자의 첫 번째 임무는 백성들에게 성경을 자국어로 알게 하는데 있다고 주장했다. 이러한 이유 때문에 성직자들은 그 백성들의 언어를 연구하고 그 언어와 친숙해야 한다고 말했다. 그런데 악랄하게도 위클리프 당시 탁발 수도사들은 "하나님의 법을 영어로 번역하여 전하고 평신도들에게 알게 하는 것은 이단적이다" 라고 말하며 성령의 뜻을 거역하고 있었다.

이때 위클리프는 탁발 수도사들에 대항해서 분명히 말했다. 오순절날 사도들에게 성령이 임하자 그들이 16개 나라의 방언[93]을 말하며 복음을 전파했던 사실을 인용하면서 "왜 영국 사람들은 영어로 성경을 읽고 듣는 것이 거절되어야만 한단 말인가?" 고 물었다.[94] 그 당시 위클리프가 평신도들은 성경을 읽을 수 없다는 기존 관습과 전통을 부수고, 누구든지 성경

91) Philip Schaff, 341.
92) Estep, 6-8.
93) 사도행전 2장 1-13절을 참조.
94) Philip Schaff, 341.

을 자유롭게 읽을 수 있다는 견해를 갖고 성경 번역에 착수한 것은 참으로 혁명적인 일이었다.

위클리프는 16세기 종교개혁자들 앞서서 교황이나 교회 전통이나 종교회의의 권위보다 성경의 권위를 높였고, 성경을 절대적인 하나님의 법이요, 그리스도의 법으로 자리매김하게 했다. 그는 일반 대중들이 손쉽게 읽을 수 있도록 라틴어로 된 불가타 성경을 참고하여 영어 성경을 출판하기에 이르렀다. 물론 그 혼자 번역을 한 것은 아니었다. 위클리프는 그의 추종자인 니콜라스 드 헤러포드(Nicholas de Hereford)와 친구요, 제자요, 비서인 존 퍼비(John Purvey, 1354-1421)[95]와 그 외에도 옥스퍼드의 여러 학자들의 도움으로 성경을 영어로 번역하였다.[96] 위클리프가 영어 성경을 번역함으로 인해서 위클리프는 영적인 면에서 뿐만 아니라 학문적인 면에서도 영국 사회에 크게 기여하였다.[97]

위클리프의 영어 성경은 1611년에 번역된 킹 제임스(King James) 성경 번역본에도 많은 구절들이 그대로 인용되어졌다.[98] 위클리프가 자국어로 성경을 번역함으로 인해서 16세기 종교개혁자들, 즉 마틴 루터를 위시하여 많은 개혁자들이 자국어로 된 성경을 번역할 수 있는 발판을 마련하게 되었다.

---

95) 존 퍼비(John Purvey, 1354-1421)는 위클리프의 제자로 버킹엄셔 라트베리에서 태어남. 옥스퍼드에서 공부함. 위클리프 성경 번역에 큰 도움을 주었고, 1388년에 위클리프 성경의 개정판을 출판했다. Cf.『교회사 대사전』, vol. Ⅲ, 554.

96) Reginald Lane Poole, *Wycliffe and Movements for Reform* (New York: Anson D. Randolph & Company, 1978), 103.

97) 마르스(Marsh)는 이런 유명한 말을 하였다. "쵸서(Chaucer)가 영시(漢詩)의 아버지인 것같이, 위클리프는 영어 산문의 아버지이다." Workman, vol. I, 202에서 재인용.

98) Cloud, "John Wycliffe and The First English Bible".

3. 위클리프의 제자들

1) 롤라드 형성과 발전

교회의 대분열 이후에 위클리프는 기존 가톨릭교회에 소망을 두지 못했다. 그는 복음을 백성들에게 전하고자 하는 열의로 불탔다. 또한 그는 순회 전도자들을 구성하여 그들에게 영어 성경을 공급하여 백성들을 가르치고자 하는 야심찬 계획을 하였다.[99] 위클리프의 교훈을 몸소 실천하고자 하는 그의 추종자들을 중심으로 '가난한 설교자들' (롤라드)이라는 선교단을 조직하여 그 단원을 외부로 파송하고 민중에게 복음을 전하였다.[100] 뿐만 아니라 그들은 성경을 배포했으며 백성들에게 하나님의 말씀을 전파했다. 위클리프의 성경 번역과 가르침은 광범위한 영향력을 미쳤고 성경을 믿는 운동(Bible-believing movement)이 일어났다. 위클리프 성경의 단편들은 롤라드들에 의해 급속도로 퍼져나갔고 영국뿐만 아니라 주변 나라들에게까지 널리 유통되었다.[101] 이것이 그 유명한 롤라드 운동이다.

위클리프는 세상을 떠났지만 그의 영향과 가르침은 그를 따르던 사람들에게 여전히 살아 있었다. 처음에는 주로 귀족층에서 롤라드파에 가입하였으나 이는 곧 민중 운동의 모습으로 변화하였다.[102] 위클리프 사후(死後) 그의 개혁적 노력들을 계속 수행하기 위해 루터워스에서 옥스퍼드 사제들이 자그마한 단체를 만들었다. 니콜라스 헤리퍼드가 지도자 역할을 하였

99) Poole, 101. 위클리프와 롤라드의 관계는 예수님과 12사도의 관계와 같다. 롤라드들은 위클리프의 사상과 가르침을 사회 저변으로 확장하고 전국적인 운동을 일으킨 장본인들이다. 그들은 위클리프의 손과 발이 되고 입이 되어 전국을 누비며 성경을 보급하고 위클리프의 사상을 전파했다. 무엇보다 그들은 진정으로 성경을 사랑했던 성경의 사람들(Bible men)이었다.

100) 임영천, 111.

101) Cloud, "John Wycliffe and The First English Bible".

102) Lindsay, 207.

다. 그는 라틴 불가타 성경을 최초로 영어로 번역하는 데 참여했던 사람이었다. 이때부터 위클리프를 따르는 사람들에게는 '롤라드(Lollards)' 이라는 이름이 붙게 되었다. 이 이름은 '중언부언 기도하는 자들' 이란 네덜란드어에서 유래된 말이다. 그만큼 롤라드들은 무시로 성령 안에서 기도를 많이 했던 것이다. 이 운동은 억압당하기는 했지만 계속 확산되어 나갔다. 위클리프의 제자인 존 퍼비(John Purvey, 1354-1421)는 1388년 후기에 보급된 수많은 문서들을 참고하여 개정된 영어 성경을 출판했다. 1395년까지 롤라드들은 의회에 막강한 세력을 확보했기 때문에 영국 로마 가톨릭교회의 개혁을 위해 주요한 요구사항들을 요약하여 "12 항목"을 제시할 수 있었다. 딕컨스(A.G. Dickens)는 이 문서의 핵심을 잘 요약하고 있다.

> 이것은 로마에 대한 영국 교회의 복종, 화체설, 성직자 독신제, 한없이 추락한 성직자의 도덕성, 물질적 대상의 신성화, 죽은 자를 위한 기도, 성지순례, 형상 그리고 예술과 장식에 대한 교회들의 분에 넘치는 관심 등에 대해 정죄한다. 고위 성직자들의 세속적 지배자와 재판자로서의 활동을 비난하고, 신약성경의 가르침에 반대되는 모든 종류의 전쟁을 비난했다. 구원의 필수 조건으로 사제에게 하는 사적 고백을 부인한다.[103)]

롤라드(Lollards)들은 성경은 원래 일반 대중들에게 속한 것이므로 이들에게 돌려주어야 한다고 확신하였고, 성직자들은 세속 관직을 겸직할 수 없으며, 성상의 사용을 신성모독적 행위라고 믿었다.[104)] 롤라드 전도 운동은 대단한 성과를 거두었다. 그들은 세속 사회 어디에나 침투해 들어가 복

---

103) A. G. Dickens, *The English Reformation* (New York: Schoken Books, 1964), 4.
104) Lindsay, 206-207.

음의 참뜻을 전파하는 일에 헌신하였으며, 그 활동 범위는 국내뿐만 아니라 국외까지도 뻗치고 있었다. 이들은 위클리프 제자답게 화체설, 면죄부 문제, 순례 행각 및 성직자 독신제 등을 비판하고 교황 제도와 성직제 등을 비성경적이라고 공격하였다. 이 롤라드파에 있어서 성경은 유일무이한 권위이고 신앙생활의 기준이며, 그러므로 모든 성도는 이 성경을 읽고 해석할 권리를 갖는다고 주장하였다.105)

2) 롤라드에 가해진 핍박

롤라드 운동에 대한 핍박은 서서히 증가하기 시작하였다. 당국자들은 이런 경고문을 곳곳에 써 붙였다. "감히 영어 성경을 읽는 자는 그 목에 성경 복사본과 함께 불태워질 것이다."106) 1388년 4월에 위클리프의 저작들을 압수하고 헤리포드를 체포하라는 공문이 발포되어졌다. 그리고 1392년에 윌리엄 스미스(William Smith)라는 사람은 복음서와 서신서를 영어로 복사하였다고 당국자들로부터 많은 핍박을 받았다. 계속해서 위클리프를 추종하는 사람들에게 핍박이 다가왔다. 헨리 4세(Henry Ⅳ, 1399-1413)는 아이러니하게도 위클리프의 절친한 후원자였던 곤트 존의 아들이었는데 롤라드들을 가혹할 정도로 핍박하였다.107)

롤라드들은 핍박 가운데서도 성경 말씀을 열정적으로 사랑했다. 1401년 영국 왕 헨리 4세에 의해 이단에 관한 법률이 제정된 이래 위클리프의 추종자들은 이단으로 몰리게 되었다. 이때부터 주교들은 롤라드들에게 이단이라는 죄목을 덮어씌워 마음대로 투옥하고, 벌금형을 선고할 수 있게 되

105) 임영천, 111.

106) Paris Marion Simms, *The Bible from the Beginning* (New York: Macmillam Co., 1929), 161, Cloud, "John Wycliffe and The First English Bible"에서 재인용.

107) Ibid.

었다. 주교가 이단으로 판명을 하면 즉시 보안관에게 넘겨지게 되었고 곧바로 화형당할 수 있게 되었다. 1401년에 윌리엄 소트리(William Sawtree)라는 사람이 롤라드란 이유로 화형을 당했다. 그리고 브라드베(Bradbe)라는 롤라드 출신 재단사가 있었는데, 로마 가톨릭 당국자들은 그를 기름통 안에 집어넣고 구워서 죽였다. 런던의 감옥을 롤라드 탑(Lollard' s Tower)으로 불렀는데, 왜냐하면 그곳에서 수많은 롤라드들이 고문당하였고, 죽어갔기 때문이다. 롤라드 탑은 아직도 존재하는데, 이것은 롤라드들의 불행했던 과거를 보여주는 기념탑이 되었다. 또 한편으로는 로마 가톨릭 집단의 잔학함을 생생하게 증명해 주는 기념탑이기도 했다.[108] 당시 롤라드들에게 있어서 영어 성경을 읽고 공부하는 것은 생명을 담보한 위험한 행위였다. 하지만 그들은 영어 성경을 읽다가 발각되어 죽을 위험을 감수하고 성경을 읽었다.

1408년에 옥스퍼드 종교회의(the Synod of Oxford)에서 캔터베리의 대주교 토마스 아룬델(Thomas Arundel)은 캔터베리 지역 안에서 위클리프의 작품이나, 번역된 영어 성경을 읽는 것은 불법이라는 법령을 새롭게 만들었다. "성경 복사본이 발견되거나 영어 성경의 내용이 조금이라도 흔적이 보이면 즉시 파괴할 것임"[109] 또 토마스 아룬델은 이런 잔인한 법령을 만들었다. "우리는 어떤 사람도 성경의 어떤 부분도 영어나 다른 언어로 번역하는 것을 금지한다." 로마 가톨릭을 추종했던 영국의 대주교들은 하

---

108) 이 기념탑을 바라볼 때마다 현대의 개신교도들은 오늘날 누리는 이 신앙의 자유가 순수 신앙의 절개를 지키고자 피 흘리며 순교한 믿음의 선진들의 희생의 터 위에 이루어진 것임을 회고하며 감사의 마음으로 그때를 회고하게 한다. Cloud, "John Wycliffe and The First English Bible".

109) H. W. Hoare, *Our English Bible: The Story of Its Origin and Growth* (New York: Dutton, 1925), 100, Cloud, "John Wycliffe and The First English Bible"에서 재인용.

나님의 뜻을 대적하며, 성령의 뜻을 거역하는 엄청난 죄악을 역사적으로 자행했다. 캔터베리 대주교 토마스 아룬델이 위클리프를 어떻게 평가했는가 하는 역사적 기록이 있다. "전염병과 같이 유해하며, 가장 비열한 위클리프는 늙은 마귀의 자식이며 적그리스도의 제자이다. 그가 살아있을 동안에는 마음에 헛된 사상으로 가득했으며, 무엇보다 나쁜 것은 성경을 모국어로 번역했다는 사실이다."[110)]

위클리프의 제자요, 서기였던 존 퍼비(John Purvey, 1354-1421)는 위클리프 성경 번역에 공헌한 사람이었다. 그는 1421년에 영어 성경을 보급하고 로마 가톨릭의 잘못을 지속적으로 전파함으로 인해 붙잡혀서 감옥에 투옥되었다. 그는 하나님 말씀에 대한 그의 절대적인 확신 때문에, 비참할 정도로 궁핍함과 극단적 고통을 견디다가 감옥에서 순교하였다.[111)] 이디(Eadie)는 이렇게 기록하고 있다. "이 불명예스러운 법령으로 인해서 30명의 영향력 있고 유력한 롤라드 지도자들이 무자비하게 죽음을 당했다." 수많은 롤라드들이 감옥에 갇혔고 그들의 신앙을 포기하도록 강요를 받았으며, 거절하면 무자비하고 잔인한 핍박을 받았다. 영어 성경을 굳게 신뢰하고 로마 가톨릭 당국자들의 권위를 부인하는 대가가 얼마나 무서운가를 다른 사람들에게 알려주기 위해서 악랄한 고문을 가해왔다.[112)]

1414년에 헨리 5세(1387, 1413-1422)는 이런 무시무시한 법에 조인을 했다. "자국어로 된 성경을 읽는 모든 사람은 그들의 상속인들로부터 땅을

110) Fountain, 45, Cloud, "John Wycliffe and The First English Bible" 에서 재인용.

111) John Eadie, *History of the English Bible*, I (London: Macmillan, 1876), 65, Cloud, "John Wycliffe and The First English Bible" 에서 재인용.

112) Thomas Crosby, *History of the English Baptists*, I (Lafayetle, TN: Church History Research and Archives, 1978), 22, Cloud, "John Wycliffe and The First English Bible" 에서 재인용.

몰수하고 모든 물건을 영원히 몰수해야 한다."[113] 1416년에 옥스퍼드의 대주교 치첼리(Chichele)는 모든 주교들에게 자기들의 모든 교구에 일 년에 두 번씩 철저히 조사를 하여 롤라드 이단들과 영어로 번역된 의심되는 책들(영어 성경)을 색출하도록 명령을 내렸다.[114] 롤라드에 대한 핍박은 1500년대에도 계속되었다. 1519년에 여섯 명의 남자와 한 명의 여자가 화형대에 묶여서 불에 타 죽게 되었는데, 그들의 죄목은 자기 자녀들에게 영어로 된 주기도문과 십계명을 가르쳤다는 죄목이었다.[115] 오늘의 관점에서 회고해 볼 때, 중세 가톨릭 당국자들이 자행한 범죄들이 얼마나 천인공노할 죄였는가를 볼 수 있다.

3) 열정적으로 성경을 사랑한 롤라드

당시는 인쇄기가 발명되지 않았었다.[116] 이때는 손으로 필사하여 성경을 옮겼는데, 한 권의 성경을 필사하는 데 일 년 정도의 시간이 소요되었다. 그 때문에 성경의 값이 너무나 비싸서 성경을 소유한다는 것은 쉽지 않았다. 성경을 사랑했던 그들은 성경 중에서 자기가 좋아하는 몇 장을 얻기 위해서 많은 양(量)의 건조더미를 성경을 가진 사람에게 건네주고, 성경을 하루 동안 빌렸다. 그리하여 밤을 새워가며 자기가 좋아하는 부분의 성경을 필사하여 간직하곤 했다. 그렇게 비싼 대가를 지불하고 필사한 생

---

113) Eadie, 89, Cloud, "John Wycliffe and The First English Bible"에서 재인용.

114) Blackburn, *History of the Christian Church from Its origin to the Present Time* (Cincinnati: Craston & Stowe, 1880), 346, Cloud, "John Wycliffe and The First English Bible"에서 재인용.

115) Eadie, 94, Cloud, "John Wycliffe and The First English Bible"에서 재인용.

116) 인쇄기는 요한네스 구텐베르크(Johannes Gutenberg)가 1456년에 처음으로 라틴어 성경을 인쇄했다.

명같이 소중한 영어 성경이 악랄한 가톨릭 당국자들에게 발각되어 손과 발이 화형주에 묶여 순교당할 때, 순교자들과 함께 그 수많은 필사본 영어 성경도 같이 불태워지곤 했다. 롤라드들은 그 금지된 책인 영어 성경을 집 천장에 감추어 두고 비밀리에 읽었다. 그들은 목숨의 위험을 감수하면서 성경을 읽었다. 또 그들은 밤을 새워가면서 성경을 읽었다. 그들은 하나님의 말씀을 읽다가 불시에 들이닥치는 보안관들을 피하기 위해서 문을 꼭꼭 걸어 잠그고 읽었다. 또한 그들은 인적이 없는 깊은 숲속이나 광야로 나아가서 성경을 읽었고, 성경에 대해서 토론했다. 뿐만 아니라 그들은 성경을 읽기 위해서 양 떼를 몰고 먼 들판으로 나가기도 했으며, 사람들의 방해를 받지 않는 그곳에서 큰 기쁨의 좋은 소식인 성경을 마음껏 읽곤 했다.[117]

롤라드들에게 성경은 자신들의 생명보다 더 소중했다. 그들은 주로 밤에 모여서 성경을 읽었고, 글을 모르는 사람들은 다른 사람들이 성경 읽는 옆에서 두 귀를 활짝 열고 경청했다. 신약성경 번역본은 사람들의 손에서 손으로 전달되어 널리 널리 퍼져나갔다. 가난한 사람들은 성경을 구입하기 위해서 동전을 모았으며 여러 사람이 어울려 공동 출자하여 신약성경 한 권을 구입하였다.[118] 당시 신약성경 필사본 한 권이 일꾼 6개월 치 품삯에 해당하였다.[119] 돈이 없는 가난한 사람들은 필사된 베드로 서신서나 바울의 서신서 몇 장을 얻기 위해서 많은 양의 건초더미를 기쁨으로 제공했다. 성경이 희귀하니까 주요한 구절을 암송하여 성경을 갖고 있지 못한 친척들과 친구들에게 들려주었다.[120] 참으로 그들은 영적으로 굶주려 있

---

117) Cloud, "John Wycliffe and The First English Bible".

118) Ibid.

119) Shand, "John Wycliffe".

120) Cloud, "John Wycliffe and The First English Bible".

었다. 그들은 사슴이 시냇물을 사모하였듯이 하나님의 말씀을 사모했다.[121)]

4) 롤라드의 최후와 영향

롤라드파가 한때는 이단에 관한 법률을 의회에서 개정하고자 시도하기도 하였다. 그러나 이 작업이 실패함으로써 이들의 상황은 보다 위험하게 되었다. 롤라드들 가운데 대부분의 귀족들은 자기의 의견을 철회하고 기존 교회로 복귀하였다. 그러나 몇몇 소수는 이를 계속 고수하였다. 1417년 크리스마스 때에 요한 올드캐슬(Sir John Oldcastle, 1378-1417)경이 하나님 말씀에 대한 믿음과 로마 당국의 권위를 부정함으로 인해서 잔인하게 순교를 당했다. 요한 올드캐슬 경은 수많은 위클리프 성경을 만들었고, 진리의 말씀을 듣기를 원하는 많은 사람들에게 보급을 하였다. 그는 롤라드들의 복음 전파를 사랑했고 핍박으로부터 그들을 보호해 주었다. 그는 헨리 4세(Henry Ⅳ, 1367, 1399-1413)가 총애하던 인물이었다. 헨리 4세가 죽자 하나님 말씀의 원수들은 기다렸다는 듯이 그를 체포하여 죽였다. 요한 올드캐슬 경은 죽으면서 외쳤다. "성경에 기록되어 있는 하나님의 명령에 순종하라. 그리고 그리스도의 삶과 모범에 반대될 때는 그러한 가르침은 단호하게 거절하라."[122)] 하나님의 말씀을 진정으로 사랑했고 많은 백성들에게 성경을 보급하는 데 공헌했던 요한 올드게슬 경을 복음의 원수들은 죽도록 미워했고, 극한 분노로 그를 사슬에 묶어서 산채로 통닭구이 만들듯이 태워서 죽였다. 이외에도 성경을 사랑했던 수많은 롤라드들이 로마

121) 시편 42장 1절.

122) Henry C. Sheldon, *History of Christian Church*, Ⅱ (New York: Harper & Brothers, 1886), 426, Cloud, "John Wycliffe and The First English Bible"에서 재인용.

가톨릭 당국자들에게 붙들려서 악질적인 방법으로 처형을 당했다. 가톨릭 교도들은 롤라드들의 뺨에 불도장을 찍기도 했다.[123)]

많은 롤라드들이 이 극한 핍박을 견디다 못해서 독일로, 프랑스로, 스페인으로, 포르투갈로 그리고 스코틀랜드로 도망을 갔다. 물론 그들은 도망갈 때 영어 성경을 가지고 갔으며 진리를 사랑하는 마음도 함께 가지고 갔었다. 그리고 그들은 하나님 구원의 기쁜 소식을 많은 나라에 널리 퍼뜨렸다.[124)] 크리스토퍼 앤더슨(Christopher Anderson)은 영어로 필사된 신약성경이 스코틀랜드의 제임스 4세(James Ⅳ, 1488-1513)가 통치하던 때에 스코틀랜드에서 읽혀졌다는 명백한 증거가 있다고 주장하고 있다.[125)] 헨리 5세(Henry V, 1413-1422) 치하에서는 롤라드에 대한 법률이 더 강화되었다. 영국 보안관들에게 롤라드들을 붙잡으면 구금한 지 10일 이내에 불태워 죽이도록 명령이 하달되었다. 그 당시 롤라드들에게 어떤 자비도 허용되지 않았었다.[126)]

그때부터 이 운동은 지하 운동으로 전향되었고, 영국의 인구가 많은 지역 여기저기에서 모습을 드러냈다. 그들은 기존 성직자들에게 많은 번민을 안겨다 주었고, 종교개혁 시기에 신앙을 위해 적지 않은 순교자들을 낳기도 했다.[127)] 계속되는 박해 속에서도 롤라드 운동은 근절되지 않았다. 16세기 초 부흥하는 모습을 보였으나 그의 추종자들의 대부분이 사형에

---

123) Cloud, “John Wycliffe and The First English Bible”.

124) Hassell, *History of the Church of God* (New York: G. Beebe, 1886), 466, Cloud, “John Wycliffe and The First English Bible”에서 재인용.

125) Cloud, “John Wycliffe and The First English Bible”.

126) Thomas Armitage, *A History of the Baptists* (New York: Bryan, Taylor, & co., 1887), 323, 325, Cloud, “John Wycliffe and The First English Bible”.

127) Estep, 67-68.

처해졌다. 결국 잔류 롤라드주의자들 때문에 그 후 영국의 프로테스탄트 운동은 큰 힘을 얻게 된다.[128] 이들의 개혁 운동은 실패했지만 16세기 종교개혁에서 볼 수 있었던 역동적인 운동들에 동참한 많은 대중들을 준비시키는 의미 있는 씨앗들을 제공했다.[129] 웍맨(Workman)은 그의 책 『종교개혁의 여명』(*The Dawn of the Reformation*)에서 위클리프를 정의함에 있어서 "성경을 사랑하는 사람들의 창시자"(Founder of the Biblemen)라고 했다.[130] 위클리프는 자신이 성경을 진정으로 사랑했을 뿐만 아니라, 성경을 사랑하고 그 말씀에 기쁨으로 순종하고 살고자 힘썼던 성경의 사람들, 즉 롤라드의 창시자요, 롤라드의 스승이었다. 롤라드들 역시 위클리프 사상의 추종자들일 뿐만 아니라, 프로테스탄트 종교개혁의 선구자들이라 할 수 있다.[131]

128) Lindsay, 207.
129) Estep, 67-68.
130) Workman, vol. I, 110.
131) Lindsay, 207.

Ⅳ

존 후스

1. 존 후스와 초기 개혁 운동
2. 콘스탄스 공의회와 존 후스
3. 존 위클리프와 존 후스를 마무리 하면서

Ⅳ. 존 후스

위클리프의 영향은 영국에만 제한되지 않고 보다 폭넓게 확산되어 갔다. 롤라드들은 스코틀랜드까지 위클리프의 메시지를 전달하여 많은 순교자들을 배출했다. 또 위클리프의 가르침은 보헤미아로 전달되어, 존 후스(John Huss, 1369-1415)와 그의 작품을 통해서 그리고 그의 설교를 통해서 가장 오랫동안 영향을 미치게 되었다. 위클리프 당시는 인쇄기가 발명되지 않았다. 때문에 그의 모든 작품들은 손으로 필사되어 초라한 모습으로 대학 도서관에 비치되어 있을 뿐이었다. 그런데 후스 이후에는 인쇄기가 발명되어 후스의 저서들은 새로운 매개체를 통해서 널리 알려지게 되었다. 프라하의 제롬(Jerome of Prague, 1370-1416)[1]과 함께 후스는 위클리프의 가장 충실한 제자였다는 사실에 대해서는 누구도 이의를 달지 않는다. 후스는 위클리프의 심원하고 사색적인 사변 능력을 갖추진 못했다. 그러나 후스는 위클리프와 같이 퇴폐적인 교회가 청결하게 되고 개혁되어야 한다는 강한 열망과 진지함으로 설교했던 인물이었다.[2]

---

1) 보헤미아 학자이며, 종교 개혁자였고 존 후스의 친구였다. 그는 영국 옥스퍼드에서 수학하면서 위클리프의 신학 사상을 접하고 많은 영향을 받게 되었다. 그가 영국에서 1407년 보헤미아로 돌아올 때 위클리프의 많은 저작들을 가지고 돌아왔다. 그는 후스에게 위클리프 사상을 전해주었다. 존 후스가 1415년 콘스탄스 종교 회의에 재판받을 때 그를 변호하기 위해서 그곳에 참가했었다. 그는 존 후스가 죽은 다음 해인 1416년에 화형 당했다. Cf. The Columbia Encyclopedia, 6th ed., 2001.

2) Estep, 68-69.

1. 후스와 초기 개혁 운동

후스는 1369년 후시넥(Husinec)이라 불리는 남부 보헤미아의 한 마을에서 태어났다. '후스'라는 단어는 '거위'라는 뜻이다. 존 후스는 그 문자적 의미를 자신에게 종종 적용하곤 했다. 예를 들면, 그는 콘스탄스에서 '거위'가 석방되었으면 좋겠다는 편지를 썼었다. 보헤미아인들에게 "여러분들이 진정으로 거위를 사랑하신다면" 그가 감옥에서 석방될 수 있도록 왕에게 설득해 달라고 당부했다.[3] 그의 부모에 대해서는 확실히 알려진 것은 없지만 모친은 경건한 분이었음이 틀림없다. 어머니는 후스를 공부시키고자 열심이었다. 라틴어를 배우게 하려고 라틴어 학교로 보냈다.[4] 후스는 라틴어 학교를 졸업하고 프라하 대학에 입학했다. 후스의 부모는 가난했다. 후스는 대학을 다닐 때 학비를 벌기 위해서 자립을 해야만 했다. 노래를 불러주고 돈을 벌기도 했고, 힘든 노동을 하면서 학비를 벌어야만 했다. 그렇게 어렵게 공부하여 1393년에 문학사 학위를 받았고, 일 년 후에는 신학사 학위를 취득했다. 1396년에는 문학 석사가 되었으며, 1398년에는 모교인 프라하 대학에 문과대학 교수가 되어 강의를 했다. 1402년에는 총장으로 선출되어 6개월 동안 총장 직무를 수행했다.[5]

후스는 교수로서 학문 사역뿐만 아니라, 설교자로서 활동했다. 1402년에 베들레헴의 교회 주임 사제로 임명되었다. 베들레헴 교회는 1391년에 매주일과 축일들에 체코어로 설교하는 것을 조건으로 두 명의 부유한 평

---

3) Philip Schaff, *History of the Christian Church*, vol. 6 (Peabody: Hendrickson Pulishers, 2011), 360.

4) William R. Estep, *Renaissance and Reformation* (Grand Rapids: Eerdmans, 1992), 69.

5) Philip Schaff, *History of the Christian Church*, vol. 6 (Peabody: Hendrickson Pulishers, 2011), 360; Estep, 69.

신도가 설립했다.[6] 후스는 이미 위클리프의 작품들을 초기 대학 시절부터 접하고 있었다. 1380년 이후 보헤미아에는 위클리프의 저서들이 소개되고 있었다. 영국의 리처드 2세(1367-1400)와 보헤미아의 왕의 누이인 룩셈부르크의 앤(1366-1394)이 결혼함으로써 두 나라의 문화교류가 활발했고, 보헤미아의 많은 학생들이 옥스퍼드로 유학을 갔다. 심지어는 스코틀랜드의 세인트 앤드류 대학교까지 가서 공부를 했다. 옥스퍼드에서 공부한 학생 중에 프라하의 제롬이 있었다. 제롬은 1406년 영국에서 위클리프의 개혁적 작품들을 탐독했을 뿐만 아니라 귀국하면서 그의 저서들을 많이 가지고 보헤미아로 돌아왔다. 이리하여 프라하의 젊은 교수, 존 후스의 열정적인 설교는 위클리프의 개혁적인 사상과 가르침으로 보강되었고 영적 부흥을 맛보았다. 이로써 지적 소산을 전달하기 위해 교량(橋梁)이 영국 위클리프의 강의실에서 보헤미아 몰다우 강변의 프라하 대학까지 놓이게 되었다. 위클리프의 견해와 신학사상과 그의 많은 저서들이 일찍부터 보헤미아에 알려졌다.[7]

존 후스는 위클리프의 가르침에 영향을 받았을 뿐만 아니라, 보헤미아 출신의 개혁자들의 영향도 많이 받았다. 후스가 가장 영향을 많이 받은 보헤미아인은 보헤미아 개혁의 아버지로 불리는 크로메리쯔의 밀릭(1374년 사망)이었다. 그는 파리대학교에서 공부하였고, 석사학위를 취득했다. 밀릭은 아마도 파리에서 공부할 때, 위클리프의 작품들을 읽었을 것이다. 그는 성직자들이 청빈한 삶을 살아야 하며, 윤리 도덕적인 면에서 본을 보여야

---

6) Philip Schaff, *History of the Christian Church*, vol. 6 (Peabody: Hendrickson Pulishers, 2011), 360-361.

7) William R. Estep, *Renaissance and Reformation* (Grand Rapids: Eerdmans, 1992), 69; Philip Schaff, *History of the Christian Church*, vol. 6 (Peabody: Hendrickson Pulishers, 2011), 359-360.

한다고 했다. 무엇보다 그는 성경이 가장 높은 권위의 근원이 됨을 주장했다. 그리고 미묘한 중세 스콜라 철학으로부터 벗어나야 하며, 그리스도의 단순한 복음으로 복귀해야 한다고 주장했다. 밀릭의 사역은 그가 죽은 후에는 야노브의 마태(Matthew of Janov, 1355-1393)에 의해 계승되었다. 야노브의 마태의 주장은 영국의 위클리프의 주장과 비슷했다. 야노브의 마태는 그 당시 타락한 성직자들의 비리를 고발하고 비판했다. "당시의 성직자들은 세속적이고, 교만하고, 탐욕적이고, 쾌락을 즐기며, 그리고 외식적이다. 그들은 뱀들과 같고, 길거리의 음녀보다 더 악한 자들이다. 그들은 영적으로 대 바벨론의 음녀들이요, 지상에서 가장 혐오스러운 존재들이다. 그들은 자신들의 죄악은 간과한 채, 경건하고 거룩한 설교자들을 핍박하고 있다. 만약에 예수님이 그들 가운데 살아계셨다면, 그들을 제일 먼저 심판하여 죽게 했을 것이다."[8)]

보헤미아의 토착 개혁 운동과 위클리프의 가르침은 개혁을 위한 가장 유능한 대변자인 존 후스 안에서 융합되었다. 수년 동안 후스는 대학에서 그리고 설교단에서 개혁 작업을 힘 있게 수행했다. 대학에서는 라틴어로 설교를 했지만, 일반 대중들에게는 보헤미아어로 설교했다. 그의 가르침과 설교를 통해서 그는 보헤미아 대중들의 전폭적인 지지를 받았다. 초기에는 젊은 대주교 스빈코(Sbinko)의 지지도 받았다. 후스의 조언에 따라 그 대감독은 간통한 부도덕한 사제들을 이단자들이라 공포했다. 1408년 후스에 대해 적개심을 품은 몇몇 사제들이 후스에 대해 이단이라는 혐의를 덮어씌우기 전에는 대감독과 후스의 관계는 아주 좋았다.[9)]

8) William R. Estep, *Renaissance and Reformation* (Grand Rapids: Eerdmans, 1992), 69-70.

9) William R. Estep, *Renaissance and Reformation* (Grand Rapids: Eerdmans, 1992), 70.

1402년부터 후스는 프라하 대학교에서 위클리프주의를 해설하고 변호하는 주요인물로 간주되었다. 위클리프 사상이 확산되는 데 반대하던 성직자들의 여론이 1403년에 구체적인 형태를 띄게 되었다. 후스를 매우 싫어했던 독일인들은 그의 가르침을 악의적 수단으로 훼손시키고자 사악한 음모를 꾸몄다. 존 휘브너(John H?buner)라는 한 독일인은 1382년 런던 공의회에서 위클리프에게 내렸던 이단성에 대한 24가지 죄목에 21가지의 죄목을 더 추가하여 대학에 위기감을 조장해갔다. 프라하 대학에 교수진들은 독일인이 3대 1로 보헤미아인들보다 수적으로 많았기 때문에 후스가 강의를 하지 못하게 쉽게 금지할 수 있었다. 그럼에도 불구하고 위클리프의 저서들은 계속해서 읽혀졌고, 가르쳐졌다.[10)]

후스의 실재론 입장과 화체설의 해석에 대한 그의 견해는 화근이 되었을 뿐만 아니라, 성직자의 죄에 대한 비판하는 그의 설교는 많은 성직자들의 증오심을 불러 일으켰다. 또한 후스는 타락한 사제들의 사악한 일들을 고발했는데, '거짓 면죄부' 판매, 빌스낙이라는 곳에서 피 묻은 성체의 빵이 발견되었다고 주장하는 거짓 이적들, 그리고 성인들의 유물 숭배 등으로 백성들을 현혹시키고 있다고 비난했다.[11)]

대학 당국자들은 위클리프의 주장이나 사상을 가르치지 못하도록 강력하게 금지했다. 가장 공격을 많이 받은 주제는 위클리프의 성찬 교리였다. 위클리프의 사상이 워낙 광범위하게 퍼져나갔기 때문에 교황 이노센트 7세는 1405년에 대주교 스빈코(Sbinko)에게 무슨 수를 써서라도 그 사상을

10) William R. Estep, *Renaissance and Reformation* (Grand Rapids: Eerdmans, 1992), 70; Philip Schaff, *History of the Christian Church*, vol. 6 (Peabody: Hendrickson Pulishers, 2011), 361-362.

11) William R. Estep, *Renaissance and Reformation* (Grand Rapids: Eerdmans, 1992), 70-71.

뿌리 뽑고 위클리프의 저서들을 압수하라고 명령했다. 같은 해에 프라하 교회회의는 위클리프의 사상을 전파하는 행위를 금지했고, 45개 조항에 대한 단죄를 재확인했다. 당시 타락한 성직자들의 부정과 부패를 비판하고 위클리프의 신학을 옹호하는 일에 박차를 가했던 후스는 3년 뒤에 설교자 직위를 박탈당했다.[12)]

보헤미아어 사용을 열렬히 옹호한 후스는 프라하 대학교의 민족 운동의 새로운 지도자로 인정받게 되었고, 초대 총장으로 선출되었다. 총장이 되고 나서 위클리프와 그의 견해를 지지하는 태도는 더욱 담대해졌다. 이때부터 후스의 라틴어 저서들에 위클리프 교수의 글을 발췌한 내용과 그의 사상으로 채워졌다. 위클리프의 저서들이 그를 통해서 보헤미아에 널리 보급되었다. 후스의 설교를 듣기 위해 군중이 구름처럼 모여들었다.[13)]

1410년에 프라하 대주교 스빈코(Sbinko)는 교황 알렉산더 5세의 대칙서에 따라 위클리프의 저서들을 압수하여 소각했으며, 자신이 허가하지 않은 장소에서는 일체 설교하지 못하도록 금지했다. 후스는 용감하게도 대주교와 교황의 대칙서를 무시한 채, 베들레헴 교회에서 설교를 계속했다. 후스의 설교는 모든 계층에게 대단한 인기가 있었다. 거리에서 위클리프를 험담하는 자들은 몽둥이로 두들겨 맞을 분위기였다. 후스의 설교는 체코 민중의 가슴에 영적인 불을 지폈다.

후스는 굴복할 생각이 전혀 없었으며, 7월 27일 대학교 앞에서 전단지를 배포해 가면서 위클리프의 삼위일체에 관한 논문을 변호했다. 그러나 그의 문제가 이제는 대주교의 손을 벗어나 교황청으로 이관되었다. 교황청

12) Philip Schaff, *History of the Christian Church,* vol. 6 (Peabody: Hendrickson Pulishers, 2011), 361-362.

13) Philip Schaff, *History of the Christian Church*, vol. 6 (Peabody: Hendrickson Pulishers, 2011), 362.

은 후스에게 소환장을 보냈으나 후스는 그 소환에 응하지 않았다. 국왕 벤첼(Wenzel)과 수많은 보헤미아 귀족들이 중재에 나서서 후스가 이단이 아니고 진정으로 고결한 신자임을 옹호했다.[14)]

1411년 9월 초에 후스는 자신의 가르침이 교회의 가르침에 일치하므로 교황청으로 출두하라는 명령을 거두어달라는 내용의 서신을 피사 교황인 요한 23세에게 편지했다. 그 편지에서 자신은 진리를 말하지 않을 수 없으며, 그리스도와 주님의 교회의 뜻에 위배되는 내용을 설교하느니 차라리 죽음을 선택하겠다고 했다.

1411년 요한 23세는 유럽 사회에 자신과 대립하고 있는 로마 교황인 그레고리 12세를 비호하고 있는 나폴리의 라디슬라우스를 무찌르기 위해서 십자군을 동원해 줄 것을 요구해왔다. 십자군에 직접 참여하는 모든 군인들과 군자금을 지원하는 모든 사람들에게 면죄부를 주겠다고 약속했다. 파사우의 수석 사제인 티엠(Tiem)이 십자군 전쟁의 동원 설교자로 임명을 받고 프라하에 와서 공식적으로 면죄부를 판매하기 시작했다. 대형 교회에 연보궤가 설치되었고, 면죄부가 팔려나가기 시작했다. 30년 전에 영국의 존 위클리프가 『십자군』이라는 저서에서 플랑드르(Flanders)에서 감행된 십자군 전쟁을 큰 목소리로 비난했듯이, 이번에는 존 후스가 그 십자군 전쟁을 신랄하게 비판하면서 교황이 그 전쟁과 면죄부를 연관 지을 아무런 권한이 없다고 주장했다. 후스가 주임 사제로 있었던 예루살렘 교회당에 면죄부 판매를 비난하는 소리가 울려 퍼지게 했다. 그는 죄사함은 교황이 판매하는 면죄부를 통해서 오는 것이 아니고, 오직 진실한 회개를 통해서 온다고 주장했다. 그리고 교황은 세속적 칼을 쥘 권한이 전혀 없다고 했다.

---

14) Philip Schaff, *History of the Christian Church*, vol. 6 (Peabody: Hendrickson Pulishers, 2011), 363-364.

그의 설교의 상당 부분은 영국의 위클리프가 교회에 관해서 그리고 죄책과 형벌로부터의 면제에 관해서 쓴 저서들에서 직접 인용하여 쓴 것이었다. 그리고 후스는 그의 친구인 프라하의 제롬(1370-1416)의 도움을 많이 받았다.[15)]

프라하 대학교 신학부는 자체의 정통성을 재천명하려는 목적으로 존 위클리프를 고소했던 45개 조항과 후스의 공적 발언에서 뽑아낸 6개 조항을 다시한번 이단적 요소라고 단죄했다. 6개 조항 가운데 두 가지는 설교에 관한 것이었다. 프라하의 성직자들은 "교황의 열쇠의 권세를 무시하는 늑대 같은 위클리프주의자 후스의 폐해로부터" 보호해 달라고 호소했고, 이에 교황청은 더욱 가혹한 파문을 선포했다. 그 이단자 후스를 체포하여 대주교에게 넘기고, 후스가 설교했던 베들레헴 교회는 파괴해버리라고 명령했다. 영원한 저주의 표시로 후스의 거처에 돌 세 개를 던지도록 했다. 이로써 후스는 대주교와 대학교와 성직자단과 교황청으로부터 포위를 당했지만, 백성들이 그를 지지했고 교황의 판결이 집행되지 못하도록 막았다. 프라하 시는 다시 한번 성무 중지령에 처해졌다. 후스는 교황이 마귀에게 받은 대권을 행사하고 있다고 주장했다.

한편 국왕 벤첼은 달아오른 도시의 분위기를 가라앉히기 위해 후스에게 잠시 도시를 떠나 있으라고 권유했다. 후스는 국왕의 권유를 받고 1412년 프라하 시를 떠났다. 훗날 후스는 자신이 왕의 권고를 듣고 도시를 떠난 것이 지혜로운 태도였는지는 알 수 없다고 소회를 밝힌 적이 있다. 그가 도시를 떠나게 된 동기는 자신을 보호해 준 왕의 권위를 존중하기 위함이

15) Philip Schaff, *History of the Christian Church*, vol. 6 (Peabody: Hendrickson Pulishers, 2011), 364-365; Williston Walker, *A History of The Christian Church* (New York: Charles Scribner's Sons, 1918), 304.

기도 했고, 성무 중지령으로 신앙적 특권들을 박탈당하고 어려움에 처해 있던 민중들을 동정했기 때문이기도 했다. 만약에 그가 교황의 판결을 무시하고 국왕의 권유를 받아들이지 않았다면 결국 체포되고 수감되어 침묵하고 있었거나 고향 도시에서 화형을 당하고 말았을 것이다. 만약에 그렇게 되었다면, 그의 활동은 보헤미아 내에 알려지는 것으로 끝났을 것이다. 또한 유럽 사람들이 종교개혁의 새벽별 존 후스라는 이름을 기억하지 못했을 것이다. 후스는 결국 국왕의 권유로 프라하를 떠나 망명 생활을 했다. 그가 떠난 뒤에도 보헤미아 왕국의 성직자들 가운데 위클리프주의의 가치와 장점에 대해서 여전히 논란이 있었던 까닭에 1413년 2월 13일에 전국 교회회의가 소집되어 평화안을 모색했으나 결론 없이 해산하고 말았다.

한편 프라하를 떠나 후스는 그의 후원자인 한 귀족의 집에서 피신처를 찾게 되었다.[16] 하지만, 그는 가만히 있지 않았다. 지칠 줄 모르는 열정으로 설교를 하고 집필활동을 계속했다. 후스는 보헤미아어로 책들을 써내려갔다. 이렇게 만들어진 소책자 가운데 『믿음의 주해』(*An Exposition of the Faith*), 『십계명 해설』(*An Exposition of the Decalogue*), 『주기도문 해설』(*An Exposition of the Lord's Prayer*) 등이 있다. 또 베들레헴 채플에서 했던 수많은 설교들을 보헤미아어로 출판했다. 그의 작품들 중에 논쟁이 되었던 『성직 매매에 대하여』(*De Simonia*)와 『교회에 대하여』(*De Ecclesia*)는 이 시기에 쓰였다.[17]

그의 설교를 듣기 위해서 시장바닥에도 들판에도 숲속에도 군중들이 몰려들었다. 강한 성읍에 살고 있는 영주들이 적극적으로 후스를 보호해 주

16) William R. Estep, *Renaissance and Reformation* (Grand Rapids: Eerdmans, 1992), 72.

17) William R. Estep, *Renaissance and Reformation* (Grand Rapids: Eerdmans, 1992), 72-73.

었다. 위클리프의 가르침을 따라 후스는 설교가 성직자들에게 가장 중요한 사역이라고 주장했다. 교황이나 대주교의 명령에 굴복하여 설교를 중단한다면 하나님께 불순종하는 일이며, 자신의 구원을 위태롭게 하는 일이라고 주장했다. 후스는 프라하 시(市)를 여러 번 방문하기도 했고 베들레헴 교회와 대학교와 시의회에 편지를 보냄으로써 그들과 의사소통을 계속했다. 이때 쓴 편지들에는 성경 인용문들이 많이 수록되어 있는데, 후스는 친구들에게 그리스도께서도 친히 범죄자로 파문당하신 뒤에 십자가에서 돌아가셨다는 사실을 환기시켰다. 중세 교회가 열렬하게 숭배했던 성인들에게 기도하는 것을 비판하며, 인간 성인들에게서는 어떤 도움을 받을 수 없다고 했다. 그리스도의 모범과 그분이 베푸시는 구원이 우리 인생들에게 진정한 위로와 믿음과 용기의 충분한 원천이라고 주지시켰다. 대제사장들과 서기관들과 바리새인들과 헤롯과 빌라도가 연합하여 길이요, 진리요, 생명이신 그분을 단죄하고 죽음에 내어주었으나, 그분은 무덤에서 다시 살아나서 열두 제자들을 회복시키시고 부활의 증인이요, 복음의 전도자로 세우셨다고 말했다. 그리스도께서 다시금 그러한 역사를 이루실 것이라고 했다.[18)]

후스는 어느 편지에서 이렇게 썼다. “어떤 두려움이 혹은 어떤 죽음이 우리를 하나님에게서 떼어 놓을 수 있겠습니까? 그분을 위해서 재산과 친구와 세상 명예와 우리 보잘 것 없는 목숨을 버린다 한들 우리가 무엇을 잃겠습니까? 욕되게 사는 것보다 옳게 죽는 것이 더 낫습니다. 우리는 사형을 회피하기 위해서 범죄하지 말아야 합니다. 현세를 주님의 은혜 안에서 끝내는 것이 거짓된 교리와 부패한 관습에 종노릇하는 것보다 훨씬 낫

18) Philip Schaff, *History of the Christian Church*, vol. 6 (Peabody: Hendrickson Pulishers, 2011), 365-367.

습니다. 진리가 최후의 승리자입니다. 주님께서 거룩한 순교자들을 거두어 주실 것입니다. 어떤 대적자들도 주님을 해할 수 없는 것입니다."[19]

후스가 유배 기간 동안에 『교회론』을 집필했다. 이 책은 후스의 많은 작품들 가운데 가장 유명한 작품으로 알려지고 있다. 그 책에서 로마 교황과 추기경들은 교회가 아니다. 교회는 추기경들과 교황 없이도 얼마든지 존재할 수 있으며, 실제로 수백 년 동안 추기경들 없이 존재해왔다고 했다. 그리스도께서 베드로에게 부여한 지위에 관해서 후스는 그리스도께서는 당신 자신을 반석이라고 하셨으며, 교회가 예정의 효력에 힘입어 그분 위에 세워져 있다고 주장했다. 베드로의 분명하고 적극적인 신앙고백에 대해서 그 반석께서 베드로(Petro)에게 말씀하시기를 "내가 네게 이르노니 너는 베드로라. 내가 이 반석 위에 내 교회를 세우리니"라고 하신 사실을 환기시켰다. 베드로는 거룩한 가톨릭교회의 머리가 결단코 될 수 없다고 주장했다.

이로써 후스는 교회와 그 머리에 관한 교황지상권을 분명하게 반대했다. 교황도 무지하거나 돈을 사랑하다가 얼마든지 잘못을 범할 수 있다. 실제로 많은 오류를 범해왔다. 오류를 범하는 교황을 대적하는 것이 그리스도를 기쁘시게 하는 것이다. 역사를 회고할 때, 부패하고 타락했으며 이단적인 교황들이 수없이 많이 있었다고 주장했다.[20]

후스는 교황의 무오성을 부정했고 가시적인 교회도 완전할 수 없음을 주장했다. 그리고 사제들이 천국문을 열고 닫을 수 있다는 권한을 가진다는 주장을 철저하게 배격했다.[21]

---

19) Philip Schaff, *History of the Christian Church*, vol. 6 (Peabody: Hendrickson Pulishers, 2011), 367.

20) Philip Schaff, *History of the Christian Church*, vol. 6 (Peabody: Hendrickson Pulishers, 2011), 367-369.

후스는 보헤미아 개혁 운동의 상징적 인물이 되었다. 후스는 보헤미아 왕 벤첼의 후원으로 대감독의 공격에서 생존할 수 있었다. 그런데 새로운 위기가 그를 기다리고 있었다. 후스는 자격 없는 교황에게는 복종할 필요가 없다는 결론을 내렸다. 그는 과연 교황들이 교회와 백성들의 복리를 위해서 노력하지 않고, 자기 사익을 위해 행동할 때에도 교황으로서 권위를 가지는가에 의문을 제기했다. 후스는 결국 성경이야말로 교황을 포함한 모든 기독교 신자들을 심판할 수 있는 궁극적 권위라는 결론에 도달하게 되었다. 후스는 성경에 순종하지 않는 교황에게는 순종할 필요가 없다고 했다.[22]

후스의 견해는 그 당시 로마 가톨릭교회가 도저히 용납할 수 없는 급진적인 주장이었다. 하지만 이 근본적인 주장들은 후스 자체가 처음 제기한 것은 아니었다. 그는 영국의 존 위클리프의 저서들에서 그 견해들을 취했으며, 위클리프의 저서들을 통째로 발췌하기도 했다. 영국의 존 위클리프와 체코의 존 후스는 스승과 제자 관계 이상이었다. 위클리프의 저서들이 프라하 대학교 사람들에게는 이미 널리 알려져 있었다. 후스는 위클리프를 따른 것을 감추지 않았으며, 위클리프의 견해를 위해서라면 목을 내놓을 준비도 되어 있었다. 보헤미아의 신학자 존 후스는 위클리프의 사상에 흠뻑 젖어 있었다.[23]

21) Philip Schaff, *History of the Christian Church*, vol. 6 (Peabody: Hendrickson Pulishers, 2011), 369-371.

22) Thomas M. Lindsay, *A History of the Reformation,* 이형기 역, 『종교개혁사 I』 (서울: 한국장로교출판사, 1993). 209.

23) Philip Schaff, *History of the Christian Church*, vol. 6 (Peabody: Hendrickson Pulishers, 2011), 369-371.

2. 콘스탄스 공의회와 존 후스

출교를 받고 파문 가운데 놓여 있었지만, 후스는 여전히 보헤미아 귀족들의 도움을 받고 있었다. 귀족들이 은밀히 재정적으로 후원해 주었다. 그는 글을 쓸 수 있는 시간을 확보했고, 복음을 전할 자유를 가질 수 있었다. 하지만 그 시간은 길지 않았다. 이런 상황을 교황이 좋아하지 않았다. 공회주의자들이 교황제의 대분열을 끝내기 위해 종교 회의를 소집하자는 분위기가 유럽에서 무르익는 가운데, 교황 요한 23세는 여러 곳에서 보헤미아의 위클리프 이단을 교회로부터 제거해야 한다는 강한 압력을 받고 있었다. 그리하여 뒷거래가 일어났다. 로마 교황 요한 23세는 후스의 무죄를 확신하고 있는 신성로마제국의 황제 지기스문드가 만일 후스를 콘스탄스로 데리고 온다면, 1414년 11월 1일에 종교회의를 소집할 것을 동의했다. 보헤미아 왕인 벤첼은 자국 내에서 후스로 인한 불명예를 빨리 회복하기를 원했고, 적극적으로 종교회의 소집을 지지했다.[24)]

콘스탄스 공의회는 1414년 11월 1일 신성로마제국 황제였던 지기스문드 요청으로 요한 23세 교황이 개최를 했다. 그 당시 유럽은 3명의 교황이 난립했으며, 서로 상대 교황들을 비난하며, 자신들의 정통성을 고집했다. 프랑스 아비뇽에는 베네딕트 13세(1394-1424)가 있었고, 로마에는 그레고리 12세(1406-1415)가 있었고, 피사에는 요한 23세(1410-1415)가 교황으로 군림하고 있었다. 콘스탄스 공의회에 걸린 큰 기대가 있었는데, 보헤미아 왕국이 전통적으로 가톨릭을 추종하는 세력과 존 후스에 의해서 새롭게 일어나고 있는 개혁 세력 간에 갈등을 해소할 수 있다는 기대였다. 서

---

24) William R. Estep, *Renaissance and Reformation* (Grand Rapids: Eerdmans, 1992), 73-74..

방 기독교계에 침투해 있는 이단 세력을 척결해야 한다는 공감대가 형성되어 있었다. 파리대학교 총장이었던 게르송(Gerson)은 프라하의 대주교 콘라드(Conrad)에게 두 통의 편지를 보냈는데, 보헤미아 이외의 지역에서는 영국의 사악한 이단 위클리프와 보헤미아의 후스의 이름은 떼어 놓을 수 없는 이단자의 이름으로 결부되어 있음을 환기시켜주었다.[25)]

1414년 9월 1일에 후스는 지기스문드 황제에게 "지극히 높으신 주님께서 나를 지켜주시므로 폐하가 약속하신 안전 통행권을 가지고 콘스탄스로 갈 준비가 되어 있다."고 편지했다. 한 주 뒤에 왕은 그가 공의회에 출두하면 보헤미아 왕국에서 이단 시비가 깨끗이 사라질 것이라는 확신을 담은 납장을 보내왔다.[26)]

1414년 10월 14일에 후스는 프라하를 출발하여 11월 3일에 콘스탄스에 도착했다. 몇몇 보헤미아의 귀족들이 그와 동행했다. 출발하기 전날 밤에, 후스는 보헤미아에서 친구들에게 편지를 썼다. 자신이 콘스탄스에 가서 주교들과 박사들과 제후들과 참사회원들을 만나게 될 것인데, 아마도 영국의 종교개혁자 존 위클리프가 맞닥뜨렸던 것보다 더 무서운 대적자들 앞에 서게 될 것이라고 했다. 만약에 자신이 죽는 것이 하나님의 영광에 기여를 하게 된다면, 두려움 없이 죽음을 맞이할 수 있게 해달라고 기도를 드렸다.

위원회가 죄수를 좀 더 쉽게 심문하기 위해 후스는 6월 초에 세 번째 감옥인 프랜시스 수도원으로 이송되었다. 6월 5-8일까지 수도원 휴게실에서 공개 심문이 이루어졌다. 그 장소는 추기경들, 대주교들, 주교들, 신학

25) Philip Schaff, *History of the Christian Church,* vol. 6 (Peabody: Hendrickson Pulishers, 2011), 371-372.

26) Philip Schaff, *History of the Christian Church*, vol. 6 (Peabody: Hendrickson Pulishers, 2011), 371-372.

자들, 그리고 좀 더 직급이 낮은 사람들로 가득 찼다. 추기경 다이(D' Ailly)도 참석하여 위원회의 수장으로서 심문을 주도했다. 위원회는 5월 4일에 위클리프의 저서들에서 250개의 잘못과 이단적 요소들을 발췌해냈다. 이것을 기초로 해서 후스를 압박했고 석방의 희망을 송두리째 빼앗아갔다. 위원회에서 후스가 화체설을 부정하며, 사악한 이단자인 위클리프를 선량한 그리스도인이라고 주장했으며, 구원이 교황에게 달려있지 않다고 주장했으며, 하나님 외에는 아무도 사람을 파문에 처할 수 없다고 주장했다면서 후스를 이단자로 고발하는 내용을 공소장에 담아 낭독했다. 후스가 교회에 관해 쓴 책이 증거로 제시되었을 때에 무리들은 "그 책을 불태우라"고 외쳤다. 후스가 자신의 입장을 설명하려고 시도할 때마다, "궤변을 집어치우고, 예와 아니오. 만으로 대답하시오"라고 다그쳤다. 그 자리에 참석했던 존 스토기(John Stokes)는 마치 위클리프가 자기 앞에 앉아 있는 것 같았다고 말했다.[27]

6월 7일 아침에 후스는 하나님과 자기 양심이 자기편이라고 외쳤다. 그러나 추기경 다이(D' Ailly)는 "우리는 증거를 가지고 있기 때문에 너의 양심에 좌우될 수 없다. 그 증거는 기독교계의 가장 유명한 박사요, 파리대학교 총장인 게르송(Gerson)이 너를 고발하며 작성한 것이다."라고 답변했다. 이단 사상을 고집하면 어떤 이단자도 자기의 손으로 태워 죽일 것이라고 협박을 했다.

후스는 그날 밤에 자신이 치통과 구토와 두통과 신장결석으로 고통을 겪었다고 기록하고 있다. 다음 날인 6월 8일에 이단으로 정죄한 39개 조항이 그에게 전달되었다. 그중에 26개는 자신이 집필한 『교회론』 책에서

27) Philip Schaff, *History of the Christian Church*, vol. 6 (Peabody: Hendrickson Pulishers, 2011), 374-376.

끄집어낸 것들이었다. 후스가 몇 가지 진술에 대해서 이의를 제기하자, 추기경 다이(D' Ailly)는 원서들을 펼쳐서 관련된 대목들을 낭독했다. 후스는 성경과 정당한 논증에 의해 진리가 아님이 판명되는 진술들은 기꺼이 철회하겠지만, 그렇지 않은 진술들은 철회할 생각이 전혀 없다고 했다. 황제 지기스문드는 그렇게 해서는 안 된다고 충고를 했다. 후스는 하나님의 법정에 항소하겠다고 했다. 심문이 끝나갈 무렵 추기경 다이(D' Ailly)가 이제는 절충의 가능성이 완전히 사라졌으며, 후스가 자신의 견해를 철회하는 일만 남았다고 못 박았다.

심문이 끝나고 후스는 대주교 리가(Riga)의 대주교 관할로 넘겨졌다. 6월 15일 공의회는 평신도들에게 성찬의 잔을 주지 못하게 하는 중대한 결정을 내렸다. 이 결정을 후스는 그리스도의 명령을 짓밟는 사악하고 미친 짓이라고 정죄했다. 프라하 베들레헴 교회를 책임지고 있는 하울릭 목사에게 편지를 써서 평신도들에게 성찬의 잔을 금지하지 말라고 조언했다. 그는 이점이 공의회가 완전하지 않고, 오류를 범할 수 있다는 결정적인 증거라고 했다. 공의회가 언젠가는 교황 요한 23세의 발에 입을 맞추며 미덕의 본을 보인 분이라며 경의를 표하면서 그에게 존경을 표했다. 그런데 오래지 않아 공의회는 요한 23세를 제거하기 위해 "그는 부끄러운 살인자요, 동성연애를 한자요, 성직매매자요, 이단자이다"라고 비판했다.

죄수 신분인 후스의 주변에 어둠은 짙어만 갔다. 6월 24일 공의회의 명령으로 그의 저서들은 소각되었다. 무서운 죽음이 그를 기다리고 있었다. 하지만 그는 사도들과 여러 순교자들의 고난을 상기했고, 특히 그리스도께서 감내하신 고난을 기억했다.[28]

28) Philip Schaff, *History of the Christian Church,* vol. 6 (Peabody: Hendrickson Pulishers, 2011), 379-380.

7월 1일에 고위 성직자 6명이 후스를 찾아왔다. 그들은 후스가 자기주장들을 철회할 수 있지 않을까 하는 기대감을 갖고 찾아왔던 것이다. 후스가 글로 써서 넘겨준 답변은 단호했고, 그들은 자신들의 기대를 깨야 했다. 7월 5일에는 추기경 다이(D' Ailly)와 고위성직자들이 후스를 다시 찾아왔다. 후스는 그들에게 만약에 자신의 주장을 철회한다면 자신이 지금까지 가르쳐온 사람들에게 죄를 범하게 되는 것이다. 그러므로 수천 번 화형을 당하는 일이 있더라도 자신의 주장을 철회할 수 없다고 단호하게 말했다.

감옥에서 음울하고 깊은 실의에 빠져 7개월을 보낸 뒤에 7월 6일에 성당으로 이송되었다. 그때가 아침 6시였다. 그는 미사가 끝나기까지 문밖에서 기다려야 했다. 미사가 끝난 후에 그는 성당으로 들어갈 수 있었다. 그는 그곳에서 자기변호를 전혀 할 수 없었다. 교회로부터 추방을 당한 죄수로서 자기에게 언도되는 선고를 단지 듣고만 있을 뿐이었다. 교회 중간에 특별히 마련된 높은 의자가 그의 자리였다.[29)]

설교가 끝나자 코크의 주교 패트릭(Patrick)이 포함된 위원회가 후스에 대한 선고를 위해서 연단에 올라갔다. 위원회는 교회 내에 있는 모든 사람들은 발이나 손으로 혹은 고함을 지름으로 재판을 방해하는 자들은 파문을 당하게 될 것이라고 엄명했다. 후스의 주장에서 뽑아낸 30개 조항들이 경건한 성도들에게 이단적이며, 선동적이며, 모욕적인 주장이라며 차례로 낭독을 했다. 판결문은 영국의 존 위클리프와 보헤미아의 존 후스가 밀접한 관계가 있다고 주장했다. 후스는 발언할 수 있는 기회를 달라고 간청했지만, 냉정하게 거절당했다.

판결문은 다음과 같이 계속되었다. "거룩한 공의회는 오직 하나님 앞에

29) Philip Schaff, *History of the Christian Church*, vol. 6 (Peabody: Hendrickson Pulishers, 2011), 380-381.

서 존 후스를 명백한 이단자로 정죄를 하며, 그가 그리스도의 제자가 아니요, 사악한 이단자 존 위클리프의 제자임을 천명한다. 또 그는 존 위클리프를 프라하 대학에서 그리고 성직자들과 민중들 앞에서 진실한 가톨릭교도요, 복음적인 박사라고 주장했다." 면서 그의 죄를 추궁했다. 공의회는 후스의 사제직을 공적으로 파면했고, 교회에 위임된 권세를 넘어설 의도가 없으므로, 세속 권력에 그를 넘긴다고 선고했다.[30)]

공의회의 판결에 이의를 제기하는 목소리가 없었다. 파리 대학 총장인 장 게르송은 판결문에 찬성표를 던졌다. 파면의 선고는 6명의 주교들에 의해서 집행되었다. 그들은 후스의 사제복을 벗겼고, 체발을 훼손했다. 그리고 그들은 그의 머리에 마귀의 모습을 그린 모자에 이단의 괴수라는 글귀를 적어서 씌웠다. 죽음에 임하는 후스의 안색은 마치 천사처럼 빛났다. 후스는 고개를 들어 하늘을 쳐다보며 외쳤다. "지극히 자비로우신 주 예수여, 당신께 저 자신을 의탁하옵나이다."

교회 당국자들은 후스를 지기스문드에게 넘겨주었고, 지기스문드는 팔라틴의 백작 루이스(Louis)에게 "가서 그를 붙잡아 이단자에 합당한 형벌을 주라." 고 명령했다. 수천 명의 무장한 군인들이 후스를 호위했다. 거리는 후스를 보기 위해서 인산인해를 이루었다. 후스는 걸어가면서 그가 심혈을 기울여서 집필했던 자신의 책들이 광장에서 불타고 있는 것을 바라보았다. 많은 군중 때문에 다리가 붕괴될 위험성이 있어 군중의 상당수가 사형장으로 건너가지 못하고 다리 앞에서 저지를 당했다. 후스의 걸음은 당당했다. 어느 정도 걸어가다가 무릎을 꿇고 하나님께 기도를 드렸다. 기도를 드리기 위해서 고개를 숙이자 종이로 만들어 씌웠던 모자가 머리에

30) Philip Schaff, *History of the Christian Church*, vol. 6 (Peabody: Hendrickson Pulishers, 2011), 381-383.

서 벗겨져 땅에 떨어졌다. 무지한 군중들은 그 모자를 다시 씌우라고 소리 지르기도 했다.

때는 정오였다. 후스의 손은 위로 묶였고, 그의 목은 사슬로 화형대에 고정되었다. 짚단과 나무가 후스의 턱까지 쌓였다. 불에 잘 타게 송진이 그 나무 위에 뿌려졌다. 그의 주장을 철회하면 목숨을 살려주겠다는 제의가 있었다. 후스는 그들의 제안을 단호하게 거절했다. 그리고 외쳤다. "나는 오늘 기쁜 마음으로 내가 가르치고 전파해 온 복음의 진리를 믿는 믿음으로 순교할 것이다." 후스는 위클리프의 지조 있는 제자였고, 부패한 교회의 권위에 도전했던 진정으로 용기 있는 의인이었다.[31)]

곁에 서 있던 리첸탈(Richental)이 고해 "신부를 불러줄까?" 하고 제안했다. 후스는 말했다. "고해 신부는 필요 없소. 나는 심각한 죄를 짓지 않았소." 구경꾼들의 요구에 화형 집행자들은 후스의 얼굴을 동쪽으로 돌려놓았다. 집행자들은 불을 붙였고 불길은 활활 타올랐다. 불길 속에서 후스는 간절히 기도했다. "살아계신 하나님의 아들 그리스도여, 나에게 자비를 베푸소서." 그는 두 번 이렇게 외쳤다. 바람이 불어와 불길이 거룩한 순교자 후스의 얼굴을 덮었다. 그의 목소리는 더 이상 들리지 않았다. 그는 기도하며 장렬하게 순교했다. 집행자들은 후스의 존재를 완전히 제거하고자 후스의 옷과 신발을 타오르는 불길 속에 내던졌다. 그들은 재를 수습하여 라인 강에 뿌렸다.[32)]

후스는 자신의 죽음으로 썩고 부패했던 중세교회가 온갖 부패와 거짓과

---

31) Philip Schaff, *History of the Christian Church*, vol. 6 (Peabody: Hendrickson Pulishers, 2011), 381-383; William R. Estep, *Renaissance and Reformation* (Grand Rapids: Eerdmans, 1992), 76.

32) Philip Schaff, *History of the Christian Church*, vol. 6 (Peabody: Hendrickson Pulishers, 2011), 381-383.

죄악에서 청결해지길 진정으로 소원했었다. 그는 자신의 목숨을 바쳐 세상에 진정한 신앙인의 양심과 진리의 투사로서 진면목을 보여주었다.[33)]

공의회는 거룩한 의인을 무자비하게 화형시키고 난 후에, 보헤미아 이단자 후스를 처형한 것보다 하나님을 기쁘시게 한 일이 없다고 공포했다. 천인공노할 사악한 만행을 저지르고 나서 자신들이 하나님을 기쁘시게 했다고 자화자찬을 했다.

콘스탄스 공의회에 참석자들 가운데 후스에 대한 판결에 한 마디라도 반대 의사를 표시한 사람은 아무도 없었다. 그렇게 천인공노할 악행을 저지르고 난 뒤, 그 이후로 어떤 교황도 공의회도 그 사건에 대해서 사과를 하지 않았다. 현대 가톨릭 역사가들도 본질적인 신학 교리에서 후스가 이단이 아니었다고 지적하는 선에서 멈추고 있다. 종교개혁자 마틴 루터는 그의 논문 『독일 크리스천 귀족에게 고함』에서 로마 교회를 향하여 존 후스를 처형한 과오를 참회하라고 요구했다. 그 무죄한 사람의 피가 아직까지도 땅에서 부르짖고 있다고 했다.[34)]

진정한 의미에서 후스는 종교개혁의 선구자였다. 종교개혁의 새벽별로 쓰임을 받았다. 후스는 한 때, "당신들이 거위 한 마리를 굽고 있지만, 백년 뒤에는 당신들이 구울 수 없는 멋진 백조가 나의 재(ashes)로부터 일어나게 될 것이요."라고 한 적이 있다.[35)] 순교자 후스의 예언대로 그가 죽고 난 후, 백년이 경과했을 때, 범죄 집단 로마 교황청이 죽일 수 없었던 독일

---

33) William R. Estep, *Renaissance and Reformation* (Grand Rapids: Eerdmans, 1992), 76.

34) Philip Schaff, *History of the Christian Church*, vol. 6 (Peabody: Hendrickson Pulishers, 2011), 383-384.

35) 여기서 '거위'는 힘없이 죽어가는 존 후스를 의미하며, 백년 뒤에 출현하게 될 멋진 백조는 마틴 루터를 의미한다.

인 마틴 루터가 출현해서 종교개혁의 대업을 완수하는 위대한 결과를 이루었다.

마틴 루터는 존 후스의 사건에서 큰 감동을 받았다. 루터는 1519년 6월 27-7월 15일까지 라이프치히(Leipzig)에서 열렸던 가톨릭 진영 간에 공개토론회에서 세계적인 공의회들에서도 결정적인 오류를 범하기도 했다고 주장했다. 그 대표적인 사례가 무죄한 보헤미아의 존 후스를 화형시킨 사건이었다고 공식적으로 주장했다. 마틴 루터는 라이프치히 공개토론회가 있기 전에 에르푸르트에서 존 후스가 남긴 설교집을 감명 깊게 읽었다. 그 설교집을 읽고 난 후, 후스처럼 복음적인 위대한 설교자가 단죄를 받고 화형대에 두 손 두 발이 묶인 채 불길 속에 화형을 당했다는 사실에 놀라움을 금치 못했다.

용감하게도 마틴 루터는 1537년 존 후스의 서신 집을 출판했다. 루터는 후스를 이렇게 칭송했다. "후스가 분개한 폭도들의 위협 가운데서 드러낸 인내와 겸손, 그리고 이리떼와 사자들 가운데 있는 한 마리의 양과 같이 위압적인 공의회 앞에서 섰을 때 보여준 그의 용기는 대단한 것이었다. 만약에 그런 분이 이단자로 취급을 받게 된다면, 하늘 아래 어떤 사람도 참된 그리스도인이 될 수 없을 것이다." 고 했다.[36)]

후스는 그 시대 하나님 앞에 진정한 의인이었다. 주님은 그의 고백과 같이 그의 순교의 재(ashs)로부터 악인들이 구워 죽일 수 없는 멋진 백조가 일어나게 하셨다. 그 멋진 백조가 바로 독일인 마틴 루터였다. 주님은 마틴 루터를 통해서 종교개혁의 대업을 이루었다. 종교개혁으로 인해 중세 천년의 영적 무지와 성경에서 빗나간 잘못된 가르침과 성직자들의 영적,

---

36) Philip Schaff, *History of the Christian Church*, vol. 6 (Peabody: Hendrickson Pulishers, 2011), 386-388.

도덕적 부패와 종교 권력의 독재와 독선 아래 신음하며 질식해 가던 신자들이 진리 안에서 신선한 공기를 마시며 영혼의 자유와 해방의 기쁨을 누리게 되었다.

3. 위클리프와 후스를 마무리 하면서

역사학자 윌리엄 캐논(William R. Cannon)은 이렇게 언급하고 있다. "존 위클리프와 존 후스는 그들의 빛만으로 밝히기에는 너무도 짙었던 암흑의 한 가운데서도 교회와 사회를 위한 도덕과 교리의 개혁을 외치는 찬란한 광명이었다."[37] 위클리프로부터 일기 시작한 개혁의 바람은 보헤미아의 후스를 거쳐 루터에게로 이르게 되었다.

중세 교회의 근본 문제가 무엇이었는가? 바로 하나님의 말씀인 성경의 가르침을 왜곡하였고, 이 거룩한 말씀을 일반 백성들이 읽지 못하게 했다는 것이다. 중세교회는 백성들을 영적 무지 가운데 묶어 두었고, 로마 가톨릭의 거짓 가르침과 잘못된 성례의 전통을 따라 타성화된 악폐와 관습의 노예가 되게 했다. 더 나아가 가톨릭 집단은 성경의 진리에 귀를 막고, 거짓된 가르침과 전통을 고집하며 바른 성경관을 갖고 신앙의 정통 노선을 걷고 있던 존 위클리프와 존 후스, 마틴 루터를 이단으로 고발하고 정죄하는 크나큰 역사적 과오를 범해왔다. 중세 가톨릭교회와 교황청은 악한 마귀의 영에 지배를 받은 사악한 종교 집단이었다. 하나님의 진리를 수호하기 위해 거룩한 투쟁을 한 의인들을 가차 없이 불태워 죽이는 가증한 집단이었다.

존 위클리프는 그 시대의 문제를 정확하게 진단했다. 위클리프는 성경

37) Cannon, 399.

의 권위를 높이면서 교황의 권위와 비성경적인 교회 전통의 권위를 상대적으로 낮추었다. 그는 성경의 진리에서 빗나간 로마 가톨릭 체제를 부인했고, 우상숭배로 전락한 화체설을 부인했고, 신격화하는 교황제를 맹공했다. 면죄부 판매를 저주받은 강도행위라고 했다. 그는 성경의 진리 위에 교회를 세우고, 성경의 진리에 합치되는 신학의 토대를 구축하고자 목숨을 건 투쟁을 하였다. 그가 라틴어 성경을 영어로 번역함으로써 영적 기갈에 시달리던 많은 백성들이 성경 말씀을 접할 수 있게 되었고, 더 나아가 16세기 종교개혁가들이 자국어로 성경을 번역할 수 있는 기반을 제공했다.

위클리프는 그가 살던 시대에 모범적인 영적 지도자였다. 예수님의 가르침을 좇아 청빈한 삶을 살면서 백성들을 진리의 바른 가르침 가운데로 인도하고자 힘썼다. 성경을 열정적으로 사랑하며 성경의 진리대로 살고자 힘쓴 롤라드 단원을 양성하여 일반 백성들에게 성경을 보급하며 복음의 메시지를 듣게 하였다.

위클리프의 바른 신앙과 개혁사상은 보헤미아의 존 후스를 거쳐서 16세기 종교개혁의 거장 마틴 루터에게 전달되었다. 하나님께서는 마틴 루터에 앞서서 종교개혁의 새벽별들을 거룩한 남은 자들로 예비해두셨다. 그들의 고귀한 희생과 헌신의 빛이 16세기 종교개혁의 위대한 영웅 마틴 루터와 존 칼빈에게 투영되게 하셨고, 종교개혁의 새 역사를 창조하는 데 귀하게 쓰임 받게 하셨다. 과연 위클리프와 존 후스는 종교개혁의 새벽별로 칭송받아 마땅한 위대한 개신교의 선구자들이었다.

V

공동생활 형제단의 창시자 제럴드 그루터

1. 제럴드 그루터
2. 공동생활 형제단의 설립
3. 공동생활 형제단이 종교개혁에 미친 영향
4. 제럴드 그루터를 마무리하며

V. 공동생활 형제단의 창시자 제럴드 그루터

개신교의 선구자로 귀하게 쓰임 받은 인물이 프랑스 출신 피터 발도였다. 그는 발도파의 창시자로 가장 앞서서 개신교 선구자의 길을 개척했다. 그 뒤를 이어 영국에서 개신교의 선구자로 쓰임 받은 인물이 존 위클리프와 그의 제자 단체인 롤라드들이었다. 그리고 체코 보헤미아 사람 존 후스가 있다. 존 후스는 위클리프의 사상적 제자였다. 위클리프와 후스가 종교개혁의 선구자로 귀하게 쓰임 받은 역사적 공헌은 크게 평가받아야 마땅하다. 그런데 놀라운 사실은 북유럽의 네덜란드에도 개신교의 선구자가 있었다. 그 사람은 제럴드 그루터이다. 그루터는 공동생활 형제단(The Brethren of the Common Life)의 창시자이다. 16세기 종교개혁을 논할 때, 공동생활 형제단의 역할과 공헌을 빼놓을 수 없다.

1. 제럴드 그루터

1) 그루터의 생애

네덜란드에 작은 도시 데벤터(Deventer)라는 곳이 있다. 이곳에서 제럴드 그루터(Gerard Groote, 1340-1384)가 아버지 베르너 그루터(Werner Groote)와 어머니 바셀린(Basselen) 사이에서 태어났다. 아버지 베르너는 의류 판매업을 하는 수완 좋고 능력 있는 상인이었다. 어머니는 사랑이 많고 온화한 성품의 여성이었다. 그루터는 어린 시절 유복한 환경에서 핸섬한 소년으로 성장했다. 그는 어려서부터 영특했으며 지적으로 뛰어난

학생이었다.[1]

1347년부터 흑사병이 유럽을 강타했다. 이 흑사병으로 인해서 유럽 인구의 1/3이 감소했다. 불행하게도 1350년 그루터의 아버지와 어머니는 데벤터에 들이닥친 흑사병의 희생자가 되었다. 이 흑사병의 공포는 그루터의 뇌리(腦裡)에 끔찍한 인상을 남겨주었다. 그에게 이복동생 버나드가 있었다. 그 동생은 나중에 아버지의 직업을 계승하게 되었다. 그루터는 어린 시절 성 레빈(St. Levwin) 학교에 다녔다. 이 학교는 웅장한 건물을 자랑하는 성 레빈 교회의 부속 학교였다.

파리에서의 유학 생활

그루터는 부모님을 여의고 고모부의 슬하에서 성장하게 되었다. 그가 성년으로 성장하게 되었을 때, 고모부는 그를 당시 학문의 도시로 명성을 날리던 프랑스 파리로 유학을 보냈다.[2] 그루터는 그의 동료들과는 비교할 수 없을 정도의 풍족함으로 파리의 유학 생활을 즐기게 된다. 그는 당시 신학과 철학에서 최고의 영예를 누리고 있던 파리 소르본(sorbonne) 대학에 입학했다. 그곳에서 3년간 공부했고, 1358년에 인문과학 분야에서 석사학위를 취득했다. 그는 석사학위 취득 후, 신학부에서 공부를 계속했다. 그는 라틴어에 뛰어난 소질이 있었으며, 라틴어 교사로 봉사하며 파리에서 계속 체류하고 있었다. 이 기간 동안에 그루터는 하나님의 영광을 구하지 않았다. 그는 죄의 쾌락을 추구하며 돈을 물 쓰듯이 쓰며 비싼 옷을 사

1) A. Hyma, *The Brethren of the Common Life* (Grand Rapids: Eerdmans, 1950), 15-16.

2) Thomas à Kempis, *The Founder of the New Devotion*, translated into English by J. P. Arthur (London: Kegan Paul, Trench, Trubner & Co., Ltd., 1905), 7.(이후로는 이 책을 Th. à Kempis, *The Founder of the New Devotion*으로 표기한다.)

입고 유행의 첨단을 추구했다.[3] 사람들의 칭찬과 세상의 영광을 추구하는 삶에 집착했다. 또한 그는 그 기간 동안 마술(magic)을 공부하고 연마하는 데 많은 시간을 허비했다. 이 사실은 몇 년 후에 그를 너무나 후회스럽게 하였다. 또한 그는 독일 쾰른에서도 체코의 프라하에서도 얼마간 지식의 발전을 추구했다. 그러나 그곳에서는 오래 머물지 않았다. 그는 석사학위를 취득한 후에 1362년에 법학을 공부했다. 특히 교회법을 열심히 공부했다. 그러나 법학 분야에 학위는 취득하지 않았다.[4] 1363년에서 1366년에 기입된 대학의 문서기록들에는 그가 법학부 학생이었음이 기록되어 있다.[5]

탐욕의 종 된 사제

1366년 2월 7일 그루터는 교황청에 자신을 유트레히트의 주교 관구에 있는 우데렉(Ouderkerk)이라는 작은 도시의 회중의 사제로 임명해 줄 것을 요청했다. 그루터는 젊은 사제 시절 탐욕의 종 된 삶을 살았었다. 그의 부모님이 일 년에 금 200파운드를 벌 수 있도록 재산을 남겼음에도 불구하고 그는 이 수입에 만족하지 않았다. 1362년 초에 그는 독일의 아헨에서 성직록을 계약했고, 1368-1369년 겨울까지 성직록을 받았다. 그는 아

3) 김명수, "Devotio Moderna 운동과 종교개혁"(신학박사 학위 논문, 국제신학대학원대학교, 2010), 23-24.

4) Arthur Broekhuysen은 그의 논문 "Gerard Groote and The Brothers of the Common Life"에서 '유럽 지역에서 성경 다음으로 가장 널리 읽혀진 책' 이라고 평가했다. Arthur Broekhuysen, "Gerard Groote and The Brothers of the Common Life" available from Http://wisdomsgoldenrod. org/publications/misc/gerard_groote. html; Internet; accessed on 22 April, 2009.(이후로는 Broekhuysen "G. Groote and The Brothers of the Common Life"로 표기하고자 한다.)

5) R. R. Post, *The Modern Devotion* (Leiden: E.J. Brill,, 1968), 11.

헨에서 얼마간의 시간을 보낸 후 쾰른으로 옮겼다. 그는 쾰른에서 매우 사치스러운 삶을 살았다. 당시 그는 유트레히트 시에서 두 번째 성직록을 받고 있었다. 모든 역사가들은 그가 자유분방하고 방탕한 삶을 살았음을 언급하고 있다. 개종하기 전과 후의 삶이 너무나 대조가 됨을 지적하고 있다.[6] 토마스 아켐피스도 그가 변하여 새사람이 되기까지 아무런 영감도 없었으며, 세상의 넓은 길을 좇아 살았다고 고백했던 것이다.[7] 그루터는 성직자로 세움을 받았지만 죄의 본성을 좇아서 타락한 삶을 살았다.

2) 하나님의 주권적 간섭

그루터는 사제로 세움 받았지만 하나님을 경외하지 않았고, 세상 사람보다 못하게 죄의 본성을 좇아 살고 있었다. 이런 그에게 하나님의 주권적 간섭이 시작되었다. 그루터가 하루는 쾰른에서 하는 일 없이 길을 배회하면서 세속적 오락을 즐기고 있었다. 그때 한 은자(隱者)가 그루터를 불러 세우고 말했다. "왜 당신은 이같이 헛된 일에 빠져 있소? 당신은 반드시 새사람이 되어야 하오."[8] 그 간청은 그루터에게 약간의 인상을 남겼다. 그러나 그의 삶의 방식을 바꿀 정도로 충분하지는 않았다.[9] 하시만 진능하시고, 신실하신 하나님께서 그루터의 삶 가운데 개입하셨고, 그 은자가 말한 대로 성취해 가셨다.

두 번째 경고는 그루터가 태어난 도시에서 그에게 다가왔다. 그는 19년 전에 아버지를 여의고 그의 삼촌과 함께 살고 있었다. 그때가 1369년이었

---

6) Hyma, *The Brethren of the Common life*, 18

7) Th. à Kempis, *The Founder of the New Devotion*, 7.

8) Ibid., 8.

9) Th. à Kempis, *Vita,* Ch. III, Hyma, *The Brethren of the Common life*, 18에서 재인용.

다. 그곳에서 그는 매우 아팠다. 그럼에도 불구하고 삼촌이 다니는 교회의 사제는 그루터에게 성례전을 베풀기를 거절했다. 왜냐하면 그가 점성술과 마술을 공부하는 것을 포기하지 않았기 때문이다. 그의 병은 죽음 가까이 이를 정도로 매우 심각했다. 불현듯 그는 자신이 그 수많은 시간들을 자기의 헛된 욕망 추구에 다 허비했다는 사실을 깨닫게 되었다. 그루터는 데벤터의 병상에서 잃어버렸던 그의 젊은 날들을 회고하게 되었다.[10] 그때, 그는 자신을 많이 책망했다. 그루터는 마침내 그가 가지고 있었던 마술에 관한 책들을 모두 불태웠다.[11] 그는 새 삶을 살고자 큰 결단을 했다. 그때부터 그는 변화된 사람처럼 보였다. 그러나 그루터는 간사한 인간의 죄성을 벗어나지 못했다. 죽을 것 같았던 심각했던 질병이 낫자마자 그의 좋은 결심이 사라져버렸다. 그러나 그루터가 쾰른과 데벤터에서 받았던 경고들이 전혀 소용(所用)이 없었던 것은 아니었다. 데벤터에서 심각한 질병에서 나은 후에, 곧바로 있게 될 완전한 회심의 길에 들어섰기 때문이다.[12]

1374년 그루터가 칼카르의 헨리(Henry of Calcar)라는 오랜 친구를 유트레히트에서 만났다. 두 사람은 파리에서 같이 유학했었다. 파리에서 그들은 공통된 이상과 열망으로 영혼이 밀착된 절친한 우정을 나누었다.[13] 그러나 그루터의 친구 헨리는 벌써 양심에 울리는 경고의 음성에 굴복하

---

10) Hyma, *The Brethren of the Common life*, 18-19,

11) Th. à Kempis, *The Founder of the New Devotion*, 38.

12) Hyma, *The Brethren of the Common life*, 18-19,

13) Th. à Kempis, *Vita*, Ch. IV. - J. van Ginneken, 113-130; Hyma, *The Christian Renaissance*, A History of the "Devotio Moderna"(Hamden: Archon Books, 1965), 10-11.에서 재인용. 이하 상기(上記) 저서를 The Christian Renaissance라고 약칭함.

고 있었다. 헨리는 진실되게 회개하고 새사람이 되어 있었다. 그리고 하나님의 부르심을 좇아 카르투시안(Carthusian) 수도원의 원장으로 재직하고 있었다. 헨리는 자기의 친구 그루터에 대한 상한 목자의 심정을 가졌다. 헨리는 지혜의 말씀으로 간곡하게 그루터를 권면하며 권고했다. 헨리는 절대자 하나님의 선함에 대해서, 하늘나라의 영원한 상급에 대해서, 다가올 무시무시한 심판에 대해서 아주 진지하게 그의 친구에게 말해 주었다. 친절한 마음으로, 때로는 엄격하게 사랑하는 친구를 권면했다.

그리고 헨리는 신앙생활의 행복함을 찬양했고, 태양 아래 모든 것은 다 멸망한다는 사실을 강조면서, 세상 죄악의 쾌락을 추구하는 삶을 비난했다. 그리고 죽음은 모든 사람에게 피할 수 없는 것이며, 그날과 때를 아무도 알지 못한다고 했다. 그러나 그리스도를 따르는 사람들에게 약속된 선물이 얼마나 크고 풍성한가를 말했다. 헨리와 그루터가 대화할 때, 하나님의 은혜가 그들과 함께 했다. 성령의 강권하심으로 그루터의 마음이 부드러워졌고, 친구 헨리를 통해서 들려지는 하나님의 말씀을 동의하며 영접하였다. 헨리와의 장시간의 대화 끝에 그루터는 그의 잘못된 인생을 수정해야 할 필요성을 절감했다. 그리고 마침내, 그의 삶의 양식을 바꾸고자 결단했다. 그가 지금까지 추구해 왔던 세상의 화려함과 죄의 낙을 추구하는 삶에서 돌이켜 주의 길을 가고자 위대한 결단을 하게 되었다.[14] 이 세 번째의 마지막 호소가 그루터로 하여금 완전한 회심으로 인도하였다.[15]

그루터의 이 놀라운 회심을 토마스 아 켐피스는 이렇게 감격적으로 묘사하고 있다.

---

14) Th. à Kempis, *The Founder of the New Devotion*, 10.

15) Hyma, *The Christian Renaissance*, 10-11.

> 오! 이 얼마나 영광스럽고 흘러넘치는 우리의 주님의 자비란 말인가! 오! 이 얼마나 놀라운 성령님의 말할 수 없는 은총이란 말인가! … 이것은 하늘 위에서 놀라운 일을 행하시고, 땅 아래서 표적을 보여주시는 전능하신 하나님의 변화시키는 권능이어라. 하나님은 어둠의 세력을 몰아내시고, 그 마음에 빛을 쏟아 부어주셨네. 하나님의 자비의 축복과 함께, 그의 사랑하는 종, 그루터를 지키고 보호하셨다가 사나운 사자가 순한 양이 되게 하신 것은 다만 전능하신 하나님의 능력이라네.[16)]

3) 결단과 새로운 출발

그루터는 마침내 그의 잘못된 삶의 방식을 바꾸고자 결심했다. 그는 이제 새로운 출발을 위해 다시 데벤터로 되돌아갔다.[17)] 그루터의 갑작스런 변화는 데벤터 사람들을 충격에 빠뜨렸다. 사람들 사이에 루머가 떠돌기 시작했다.

> 그의 이성이 어떻게 된 것 아니냐? 도대체 무슨 변화가 그에게 있었단 말인가? 그렇게 많이 공부한 사람이 미쳤단 말인가? 좋은 옷을 입는데 유행의 첨단을 걷던 자가 거칠고, 초라한 옷을 입다니! 연회를 즐기고, 다양한 고기를 즐기던 자가 맛있는 음식을 피하고 초라한 메뉴를 택하다니! 그가 높은 지위를 초개같이 버리고, 가난을 사랑하다니 도대체 이해할 수 없단 말이야![18)]

그러나 그루터는 뒤로 물러서지 않았다. 그는 전심으로 하나님을 의지했고, 하나님께 자신의 모든 열정을 바치고자 소원했다. "나는 죄인들의

---

16) Th. à Kempis, *The Founder of the New Devotion*, 11.

17) Hyma, *The Brethren of the Common life*, 19,

18) Th. à Kempis, *The Founder of the New Devotion*, 11-12.

장막에 거하는 것보다, 나의 하나님 집에서 비천한 사람이 되고자 한다." 며 주의 길을 가고자 결단했던 것이다.[19)]

그루터가 데벤터로 귀환 후에, 가장 먼저 지금까지 소유하고 특혜를 누렸던 두 개의 성직록을 포기했다. 그것으로 끝나지 않았다. 그는 주님을 위한 자기의 결심을 아주 구체적인 행동으로 옮겼다. 그루터는 그가 살고 있는 집의 사용권을 몇몇 가난한 여인들에게 양도했다. 자기는 단지 작은 방 두 개만 사용했다. 그때부터 그는 자신을 겸비하게 낮추는 작업에 돌입했다.[20)]

그는 음식을 절제하며, 하루에 한 끼만 식사했다. 누가 식사 초대를 하면 가능한 가지 않았다. 세속적인 사람들과의 교제나 화려한 연회(宴會)를 즐기는 사람들을 피했다. 반대로 그는 자신의 검소한 식탁에 가난한 하나님의 사람들을 초대했다. 음식은 변변치 않았다. 하지만 천국의 달콤한 말씀으로 그들을 융숭하게 대접했다. 그는 손님들과 식사 교제를 하기 전에 먼저 성경 말씀을 읽었고, 그의 달콤한 혀로부터 흘러나오는 감동적인 담화 후에 식사를 했다.[21)]

그는 요리 솜씨가 없었지만, 자신의 손으로 직접 요리하여 먹었다. 자기가 양도해준 이웃 건물에 살고 있는 자매들의 도움을 받지 않았다. 그는 수녀들과는 가능한 대화하지 않았다. 그리고 긴급한 상황 외에는 여자들과 대화하지 말라고 그의 제자들에게 권면하기도 했다.[22)] 그의 옷은 화려하지 않았으며, 부드럽지 않고, 검소한 회색빛 옷이었다. 그는 새 옷을 거의 가지지 않았다. 해진 부분을 넝마로 기워서 입고 살았다. 그가 예수 그리

19) Ibid., 12.

20) Hyma, *The Brethren of the Common life*, 19,

21) Th. à Kempis, *The Founder of the New Devotion,* 25-26.

22) Ibid., 27-28.

스도를 인격적으로 만난 후에는 외면을 단장하기보다 언제나 마음의 내면을 단장하고자 했다.[23)]

토마스 아 켐피스는 그루터의 엄격한 금욕의 삶을 이렇게 묘사하고 있다.

> 이리하여 그는 그 자신에 대해서 극단적으로 금욕했고, 육체를 굴복시켰으며, 세상을 경멸했다. 그리고 그를 지배하고자 하는 정욕을 허용하지 않으므로 뱀의 머리를 박살냈다. 그는 언제나 그리스도의 지도력 아래서 겸손한 길을 걸어갔다. 그리고 그는 고대의 성자들의 삶의 양식을 좇아 살고자 힘썼다.[24)]

그루터는 자신에 대해서는 엄격하고 인색했지만, 타인에 대해서는 친절하고 자비로웠다.[25)] 이렇게 그루터는 자신이 만든 규칙을 좇아 엄격하게 살았다. 그리하여 악인들로부터 악의적인 비난의 구실을 만들지 않았다.[26)]

참으로 하나님 앞에서 고독하며 치열한 투쟁이었다. 그러나 그루터는 실패하지 않았다. 이전의 잘못 살았던 죄의 짐이 크게 보일수록, 그는 그 죄의 마지막 자취를 뿌리채 뽑아버리고자 하는 욕망이 강렬해졌다. 그리고 선행과 덕행을 행함으로 악들을 정복하고자 했다.[27)]

그루터는 평범하고 단순한 더 기독교적인 것을 원했었다. 그는 세상의 영광이나 부나 명성을 추구하기보다 그리스도의 발자취를 따르며 진정으로 그리스도의 제자가 되고자 했다. 또한 그는 겸손히 주님의 말씀에 순종하며 그에게 부여된 십자가를 성실하게 지고자 했다. 예수 그리스도를 닮

---

23) Ibid., 28-29.
24) Ibid., 30.
25) Ibid., 28.
26) Ibid., 26.
27) Hyma, *The Brethren of the Common life*, 19,

은 주님의 참 제자, 그것이 그루터의 신앙 목표였다.[28]

이런 그루터의 헌신과 결단을 토마스 아 켐피스는 이렇게 묘사하고 있다.

> 그는 부요함을 가난과 바꾸었고, 교만을 겸손과 바꾸었고, 향락을 자기부인과 바꾸었고, 불안정했던 마음을 견고한 마음으로 바꾸었고, 세상적인 것을 영적인 삶으로 바꾸었고, 세상의 교활함을 주를 위한 헌신과 일편단심의 마음으로 바꾸었다.[29]

이런 식으로 그는 5년 동안 영적인 싸움을 싸웠다. 5년 중에 마지막 2년은 그의 친구 헨리가 수도원장으로 있는 아헨 근처 몬니카이즌의 카르투시안(the Carthusian monastery of Monnikuizen) 수도원에서 보냈다.[30]

카르투시안 수도원에서 보낸 2년은 그루터에게 있어 참으로 귀중한 시간이었다. 그에게 심겨진 믿음의 새싹이 보호를 받을 수 있었고, 세상의 염려와 유혹으로부터 안전하게 보호받을 수 있었다. 그리고 하나님의 일에만 전념할 수 있었고, 자신의 영혼을 위한 영적 충전의 시간이었다. 무엇보다 자기 자신을 깊이 돌아볼 수 있었으며, 옛 생활이 남긴 죄악의 찌꺼기들을 온전히 제거할 수 있었다. 그리고 기도와 눈물로 다양한 마귀의 공격들을 극복할 수 있었고, 금욕과 깨어 있는 삶을 통해서 폭풍처럼 일어나는 정욕을 산산이 깨뜨릴 수 있었다. 그리고 하나님과의 영적 교제가 주는 달콤함을 체험하는 시간들이었다.[31]

---

28) Ibid., 31,

29) Th. à Kempis, *The Founder of the New Devotion,* 12.

30) Hyma, *The Christian Renaissance*, 11; 카르투지오 수도원에서는 Groote를 존중함으로 환대했다. 그에게 한 방이 주어졌다. 그는 그곳에서의 생활을 베드로가 변화산상에서 "주여, 여기 있는 것이 좋사오니" 고백했던 것처럼 그곳의 생활을 기뻐했다. Th. à Kempis, *The Founder of the New Devotion*, 14.

31) Th. à Kempis, *The Founder of the New Devotion*, 13-14.

몬니카이즌 수도원에서 그루터는 금욕주의자가 되었다. 그는 다른 수도사들의 예를 좇아 금욕 생활에 박차를 가했으며, 자신의 육체를 고행시키기 시작했다. 그는 이렇게 함으로 죄 된 본성을 더욱 빠르게 그리고 완전하게 극복하기를 간절히 희망했다.[32]

그가 카르투시안 수도원에서 체류하는 동안 데보치오 모데르나(Devotio Moderna) 운동의 이상이 구현되었고, 이 운동을 추진할 수 있는 거룩한 영성이 생겨났다.[33] 카르투시안 수도사들은 그들의 열정적인 제자인 그루터로 인해서 기뻐했다. 그루터는 1379년 이후 그의 변화된 태도를 작품들과 행동으로 나타냈다.[34]

그루터가 영적인 투쟁을 하는 기간 중에, 그에게 상당한 영향력을 미친 다른 한 인물이 있었다. 그는 어거스틴 수도회 소속 그루엔탈(Grüenthal)의 수도원장인 존 루이스브룩(John Ruysbroeck, 1293-1381)[35]이었다. 그

---

32) Ibid., 15-16.

33) Broekhuysen "G. Groote and The Brothers of the Common Life"

34) Hyma, *The Christian Renaissance*, 11.

35) 루이스브룩은 네덜란드의 남서부에 위치한 플레미시(Flemish) 신비주의자 중에 가장 앞서는 인물이다. 그의 작품은 네덜란드와 독일의 수도원에서 열렬하게 읽혀졌다. Groote는 특히 그를 아버지와 같은 존재로 존경했었다. 루이스브룩의 영향으로 나중에 Groote와 그의 추종자들은 Windesheim 수도원을 설립하게 된다. 루이스브룩의 대표작은 『영적 결혼』(The Spiritual Espousals)이다. 그는 수도원 근처의 숲속을 거닐면서 명상하기를 즐겼다. 루이스브룩은 대부분의 시간을 바깥에서 보내면서 새들의 친구요, 꽃들의 친구로 자처했다. 그는 명상적인 삶을 사랑하며, 우주의 신비를 풀고자 애를 썼으며, 많은 것을 배웠다. 그는 Groote에게 "내가 너를 보기 전에, 네가 오고 있는 것을 알고 있었다."고 말했다. 그의 가르침에 Groote는 감동을 받곤 했지만, 하늘 왕국과 사랑의 비밀, 하나님과 함께 하는 인간의 정신과 영혼의 연합, 행동의 다양한 단계들, 명상적인 삶, 천사들의 계급 등, 이와 유사한 주제들에 관한 루이스브룩의 이론들을 다 따라갈 수 없었다. Groote는 사고의 추상적 체계로서 신비주의의 많은 과정을 다 소화할 수 없었다. 그는 종교개혁의 선구자로 일컬어진다. H. Pomerius, *De origine monasterii Viridis Vallis*, 289; Hyma, *The Christian Renaissance*, 11-12에서 재인용.

루터는 루이스브룩의 가르침에 감동을 받곤 했다. 그러나 루이스브룩의 이론들을 다 따라갈 수는 없었다. 그루터는 루이스브룩의 추상적인 체계로서 신비주의의 많은 과정을 다 소화할 수 없었던 것이다. 루이스브룩은 그루터에게 "언젠가는 자네가 이해하게 될 것일세." 하였다.[36] 뉴욕 주립대의 풀러(Ross Fuller) 교수는 그의 책 『공동생활 형제단과 그 영향』(*The Brotherhood of the Common Life and Its Influence*)에서 루이스브룩이 불가사의하게도 그루터의 생애에 결정적인 영향력을 미쳤다고 주장했다.[37]

4) 설교자로의 변신

하나님께서는 그루터로 하여금 많은 것을 경험하게 하셨고, 카르투시안 수도원에서 철저한 영적 무장을 하게 도우셨다. 1379년에 이르러 그루터는 모든 준비가 되어 있었다. 토마스 아 켐피스는 이렇게 기록하고 있다.

> 설교를 시작하기 전, 3년 동안 그루터는 연구와 기도에 자신을 전념했다. 이리하여 신실한 주의 사자는 여러 도시와 마을에 하나님의 말씀의 좋은 소식을 전파하기 위해서 영적 갑옷으로 무장했고, 성경의 말씀으로 만반의 준비를 갖추었다.[38]

몬니카이즌의 카르투시안 수도회의 수도사들은 변론과 설득에 있어 그의 탁월한 은사를 보고 놀랐다. 그래서 그들은 그루터에게 그런 뜨거운 신

36) H. Pomerius, *De origine monasterii Viridis Vallis*, 289, Hyma, *The Christian Renaissance*, 11-12에서 재인용.

37) Ross Fuller, *The Brotherhood of the Common Life and Its Influence* (New York: State University of New York Press, 1955), 85.

38) Th. à Kempis, *The Founder of the New Devotion*, 18.

앙적 열정을 갖고 이 작은 수도원의 지붕 아래 더 이상 머무르지 말고, 세상 사람들에게 나아가 복음을 전파하라고 충고했다.[39] 그루터는 그 당시 좋은 설교가가 너무나 부족했음을 잘 알고 있었다. 특히 자신이 설교한 대로 바른 삶을 살고 있는 설교자가 거의 없다는 가슴 아픈 현실을 목격했다.[40]

이에 그루터는 그 수도사들의 충고를 기쁨으로 받아들였다. 그러나 그루터는 그러한 숭고한 부르심을 좇아 격식 있는 옷차림을 하고 주의 일을 하는 전문 성직자를 너무나 존경한 나머지, 자신이 그런 성직자가 되는 것을 사양(辭讓) 하고, 자신은 집사 직분 정도면 충분하다고 생각했다. 그래서 그는 1380년 1월 1일에 유트레히트의 주교를 찾아가 집사 직분을 달라고 했고, 주교는 그에게 집사 직분을 수여했다.[41]

그루터는 집사 직분을 부여받은 후에 이셀(Yssel) 근처의 여러 도시에서 시작해서, 데벤터(Deventer), 쯔볼레(Zwolle) 캄펜(Kampen), 쭈트펜(Zutphen), 아메르폴트(Amersfoort), 암스테르담(Amsterdam), 할렘(Haarlem), 라이덴(Leiden), 유트레히트(Utrecht), 고우다(Gouda), 델프트(Delft), 겐트(Ghent) 등, 많은 지방에 나아가 회개의 복음을 전파했다. 토마스 아 켐피스에 의하면 그루터는 "이미 도끼가 나무뿌리에 놓였으니 좋은 열매 맺지 아니하는 나무마다 찍혀 불에 던지우리라"(눅 3:9)라고 외치던 세례 요한의 열정으로 복음을 전파했다고 했다.[42] 그의 매력적인 인간성과 영혼 구령을 위한 불타는 열

39) Th. à Kempis, *Vita Gerard Magni*, Ch. VIII, § 1. Hyma, *The Christian Renaissance*, 12에서 재인용.

40) Broekhuysen, "G. Groote and The Brothers of the Common Life"

41) Th. à Kempis, *Vita Gerard Magni*, Ch. XV, § 1. Hyma, *The Christian Renaissance*, 12에서 재인용.

42) Th. à Kempis, *The Founder of the New Devotion*, 18.

정, 복음에 대한 확신에 찬 능력은 사람들의 마음을 강타했다.[43] 토마스 아 켐피스는 그루터의 설교가 얼마나 강력한 영향력을 발휘했는가를 이렇게 묘사하고 있다.

> 그가 청중들의 지위고하를 무론하고 모든 사람을 위한 하나님의 완전한 구원의 목적을 선포하며 구원의 나팔을 불었을 때, 많은 사람들의 마음이 하나님의 진노의 얼굴로부터 벗어나고자 했다. 그리고 마지막 심판과 지옥의 불 심판으로부터 도망가고자 마음이 강하게 움직였다.[44]

사람들은 그의 설교를 듣기 위해서 수 마일 떨어진 곳에서도 나아왔다. 그의 설교를 듣는 청중들 중에 많은 사람들이 생업을 뒤로 하고, 식사를 뒤로 하고 달려 나왔다. 대도시의 거대한 교회들도 그루터의 설교를 갈망하며 파도처럼 몰려드는 군중들을 다 수용할 수 없었다.[45] 그루터는 설교 가운데 자신의 지난날의 경험을 회상하면서 죄에서 돌이키지 않으면, 미래에 비통한 후회와 엄중한 심판이 있을 것이라고 경고했다. 성직자들에게는 유창한 라틴어로 설교했고, 일반 대중들에게는 보국어로 알기 쉽게 설교했다.[46]

어느 날 그루터는 유트레히트의 고위 성직자들 모임에서 설교를 하게 되었다. 그루터는 고위 성직자들의 극악무도한 죄들을 거침없이 책망했다.

---

43) Ibid.

44) Ibid.

45) Groote는 때때로 설교할 때, 성령의 뜨거운 열정에 사로 잡혀서 한 자리에서 3시간 동안 계속하기도 했고, 한 장소에서 하루에 두 번씩 종종 설교하기도 했다. Th. à Kempis, The Founder of the New Devotion, 44; Broekhuysen, "G. Groote and The Brothers of the Common Life"

46) Hyma, *The Christian Renaissance*, 12-13.

그들의 부도덕함, 성직매매, 정신적 육체적 태만 등을 언급하면서 호되게 책망했다. 그루터는 과거 허랑방탕하게 살았던 그 자신을 회고해 보면서, 교회를 심각하게 훼손하는 죄들을 볼 수 있었다. 왜냐하면 그루터 자신이 수도사였을 때, 탐욕의 종이 되어 두 개의 성직록을 받아 챙기고 있었기 때문이다. 그 당시, 과거 자기와 아주 비슷한 삶을 살고 있는 성직자들이 너무 많았던 것이다. 그루터는 개인적으로 상당히 많은 성직자들과 친분을 유지하고 있었다. 그리고 성직자들의 외식, 부도덕함, 탐욕과 방종이 모든 고위 성직자들에게 넘쳐나고 있었음을 충분히 깨닫고 있었다. 그가 알기로 많은 성직자들이 양의 탈을 쓴 늑대들이었던 것이다.[47)]

그루터는 영적인 보호자의 도움을 받지 못하고 방황하는 양들에 관해서 동일한 관심을 가졌다. 그루터는 그들이 하나님께서 각인에게 주신 자신의 양심을 따라 살아가도록 권고했다. 그루터는 그리스도의 계명에 대해서 설교했고, 그 자신이 그렇게 노력하고 있듯이 청중들이 그리스도의 삶을 본받도록 촉구했다. 또한 모든 것보다 하나님을 사랑하는 것과 이웃을 내 몸과 같이 사랑하는 것, 이것이 가장 중요한 계명임을 강조했다. 그루터는 이렇게 말했다.

> 우리는 악을 근절하고 새롭게 획득된 선행과 덕으로 대체하고자 노력해야 한다. 우리 인간은 육체의 죽음이 다가올 때까지 우리 속에 성령이 내주하기 위해서 우리의 더러운 육체를 깨끗이 해야 한다. 우리의 영혼은 더 이상 죄의 빽빽한 안개에 의해서 흐려진 상태로 남아있어서는 아니 된다. 우리 영혼을 흐려지게 하는 것은 악한 생각과 악한 말과 악한 행위들이다. 인간은 타락했지만, 죄악의 먼지 가운데 남아있어서는 아니 된다.[48)]

47) Ibid., 13.

그루터는 남, 여 모든 계층의 사람들에게 이러한 호소와 함께 그 자신이 이미 경험한 것들을 다른 사람들에게 가르치고자 했다. 그루터가 도시에서 다른 도시로 나아갈 때, 그는 교회 정문에 그가 전하고자 하는 설교의 광고문을 붙이기 위해서 자기 제자들 중의 한 사람을 먼저 보냈다.[49] 그때 사람들은 와서 보고 그 놀라운 소식을 이웃들에게 전했다. 본능적으로 사람들은 비상한 경험과 능력을 가진 한 새로운 선지자가 출현했다고 느꼈다. 그리고 그 설교를 듣기 위해서 필요한 준비를 했다. 농부들은 그루터의 설교를 듣기 위해서 농작물을 돌보는 일을 뒤로 하고, 그 가족들과 함께 도시로 달려왔다. 가게들은 문을 닫았고, 도시의 거의 모든 사람들이 몰려왔다.[50]

그루터가 설교하기 위해 가는 곳마다 수많은 남녀들의 영적 무감각이 일깨워졌고, 그들의 삶이 변화되는 역사가 일어났다.[51] 토마스 아 켐피스는 그루터 사역의 현장에서 일어난 놀라운 변화의 역사를 이렇게 기록하고 있다.

> 그루터의 설교를 들은 많은 사람들이 마음에 강렬한 찔림을 받았고, 그의 설교를 듣는 중에 세상의 모든 헛된 것들을 내던져버리고, 그의 방향에 복종했다. 또한 어떤 여성들은 순결을 위해서 일생 처녀로 살고자 결심했고, 어떤 사람들은 하나님을 섬기며 절제하는 삶을 살고자 다른 사람들과 함께 공동생활을 할 것을 다짐했다.[52]

---

48) D. A. Brinkerink, *De vita venerabilis Ioannis Brinckerinck*, 324, Hyma, The Christian Renaissance, 13-14에서 재인용.

49) Ibid.

50) Hyma, *The Brethren of the Common life*, 22.

51) P. Horn, *Vita Gerard Magni*, 342. Hyma, *The Brethren of the Common life*, 22에서 재인용.

그루터의 사역은 실제적인 열매가 충실하게 맺어졌다. 그의 설교를 들은 양들은 삶의 현장에서 모범을 보였으며, 신앙적인 책들을 본인이 읽을 뿐만 아니라 이웃들에게 빌려주어 읽게 함으로 영적 성숙을 위한 노력을 했다.[53] 이것은 데보치오 모데르나(Devotio Moderna) 라는 위대한 신앙 운동의 시작이었다. 데벤터, 쯔볼레, 캄펜, 쭈트펜, 뒤스부르그 또한 아헨, 유트레히트, 암스테르담, 할렘, 라이덴, 그리고 델프트에서 그루터가 지나간 후에는 헌신의 불이 밝게 타오르고 있었다.[54]

5) 설교권을 박탈당함

그루터는 1383년까지 순회 설교자로서 그의 노력을 계속했다. 그의 전도사역은 괄목할 만한 성장을 이루었다. 그런데 이것을 시기하고 방해하는 자들이 있었다. 토마스 아 켐피스는 당시 그루터를 향해서 일어났던 시기와 핍박과 대적자들의 만행을 이렇게 묘사하고 있다.

> 그러나 악인들과 타락한 마음을 가진 자들과 세상을 사랑하는 자들과 세상에서 안일과 화려한 삶을 추구하는 자들의 시기가 그루터를 향하여 종종 일어났다. 왜냐하면 그들은 진리의 길을 혐오했고, 모든 좋은 것들의 원수들이었기 때문이다. 이런 자들은 하나님의 사람 그루터를 중상 비방했으며, 때때로 공개적인 욕설을 그에게 퍼부었다. 왜냐하면 그루터가 그들의 악함과 범죄행위를 통렬하게 비판했기 때문이다. 그러나 더 악한 일들이 어떤 사제들과 고위 성직자들과 탁발 수도사들 사이에서 일어났다. 그자들은 이 위대한 하나님의 사람이 설교를 하는

---

52) Th. à Kempis, *The Founder of the New Devotion*, 19.

53) P. Horn, *Vita Gerard Magni*, 342. Hyma, *The Brethren of the Common life*, 22에서 재인용.

54) Hyma, *The Brethren of the Common life*, 22.

> 것은 합당하지 않다고 생각했다. 그리고 일반 백성들에게 설교하는 것을 금지해야 한다고 했다. 그자들은 그루터의 명성을 손상시키고자 힘썼고, 그루터의 굳건한 의지를 무너뜨리고자 발악을 했다.[55]

그루터의 성공은 너무나 컸지만, 탁발 수도사와 교구사제들의 악행을 지적함으로 인해서 많은 적들을 만들었다. 그루터가 탁월한 지식을 소유했으며, 순수함을 간직하고 이타적인 삶을 살며, 그들의 지략과 기지를 여지없이 깨트렸기 때문에 더욱 격앙하게 되었다. 그들은 자신들의 악행을 거침없이 공격하는 그루터를 향해 시기와 악의에 찬 미움을 표출했다. 그들은 유트레히트 주교에게 찾아가서 불평을 토로하며, 그루터가 자신들을 공격했고, 비난했다고 일러바쳤다. 이제 양들은 사제도 아닌 자를 따르기 위해 참 목자들을 떠나고 있다고 말했다. 그러한 자는 마땅히 설교를 금지시켜야 하지 않겠느냐고 했다. 주교는 그들의 말을 듣고 동의했다. 이제부터 어떤 집사도 공개적으로는 설교할 수 없게 되었다. 주교의 명령을 받고 그루터는 침묵해야 했다.[56]

그러나 그루터는 주교의 칙령에 순종하기는 했지만, 한가하게 앉아 있지는 않았다. 그와 그의 친구들은 교황에게 항소했다.[57] 교황은 그가 중대한 행동을 취하기 전에 신중하게 기다렸다. 교황 앞에 제기된 이 사건은 놀라운 일이며, 결코 평범하지 않은 일이었다. 그루터는 1383년 8월 14일

---

55) Th. à Kempis, *The Founder of the New Devotion*, 19.

56) Th. à Kempis, *Vita Gerardi Magni*, Ch. Ⅷ, § 3, 1383년 8월과 10월 사이에 칙령이 공포되었다. 참조: W. J. Kuhler, *De prediking van Greet Groote*, 224. Hyma, *The Brethren of the Common life*, 22-23에서 재인용.

57) D. A. Brinkerink, *Biographieen*, 1901, 417. William de Salvarvilla이 교황 우르반 VI에게 보낸 편지이다. 그는 교황이 Groote에게 설교할 수 있는 설교권을 주도록 요청했다. 이것은 Th. à Kempis의 the Opera에서 발견되고 있다. 이 편지는 1383년 10월 21일에 쓰여 졌다. Hyma, *The Christian Renaissance*, 16에서 재인용.

에 유트레히트시의 주교관구의 종교회의 앞에 나타났다. 그곳에서 주교(Bishop)는 사회를 보았고, 그루터가 격렬한 비난의 말들로 주교의 동료 성직자들을 무참히 쓰러뜨리는 모습을 놀라움으로 지켜보아야 했다. 그루터는 당시의 세례 요한으로 출현해서 교구 사제들의 사악한 행위들을 지적하며, 고위 성직자들의 명백한 죄들을 고발하며 책망했다. 그러나 그는 그리스도의 복음에 반하는 어떤 것도 가르치지 않았다.[58)]

토마스 아 켐피스는 그루터의 순수한 복음 전파의 열정을 짓밟고, 온갖 중상모략으로 대적해왔던 대적자들의 핍박과 모함을 그가 어떻게 극복해 왔는가를 이런 감동적인 글귀로 표현하고 있다.

> 어떻게 그리스도를 이토록 사랑하며, 영혼 구령의 열정에 사로잡힌 이 사람이 원수들의 위협에도 흔들리지 않고, 그를 신랄하게 비판하는 자들 앞에서 의연하게 대처할 수 있었을까? 이것은 그가 세상의 영광을 구하지 않았고, 그리스도를 위해 부끄러움을 당하는 것을 조금도 두려워하지 않는 반석 같은 믿음에 굳게 서 있었기 때문이다.[59)]

유트레히트의 주교였던 플로렌스(Florens van Wevelinchoven)는 개인적으로 그루터에 대해서 감정은 없었다. 그는 그루터가 세 부류의 사람들에게 공격의 대상이 되고 있음을 알아차렸다. 세 부류의 대적자들은 다음과 같다. 첫째는 캄펜 시민들이 반대를 했다. 그들은 자유신령주의자(the Free Spirit) 이단에 많이 시달렸기 때문에 그루터도 같은 계열이지 않을까 하는 오해 가운데서 반대를 했다. 둘째는 도미니칸 수도회 소속 탁발 수도사들이 반대를 했다. 이들은 그루터가 정당한 설교자가 아니며, 평신도가

---

58) Hyma, *The Brethren of the Common life*, 23.

59) Th. à Kempis, *The Founder of the New Devotion*, 19.

설교하므로 자기들의 고유한 권리를 침해했다며 반대했다. 그리고 교황으로부터 승인을 받지 않고 새로운 종교단체를 설립했다고 불평하며 반대했다. 셋째는 부도덕한 세속 사제들이 반대했다. 이들은 합심해서 플로렌스 주교에게 항의를 했고, 마침내 주교의 허락을 받아 냈다. 주교는 정식 사제 외에는 설교단에 설 수 없도록 칙령을 내렸다. 결과적으로 집사 신분의 그루터는 설교단에 설 수 없게 되었다.[60]

교황 우르반 6세(Urban VI, 1378-1389)는 그루터가 교황의 권위를 받아들이는 것과 로마 가톨릭교회의 신조들을 거절하지 않는 데에 대해서 기뻐하였다. 그루터는 정통신앙을 지지하고 교황직에 복종하는 선언문을 발표한 적이 있었다. 그루터의 친구들은 유트레히트의 주교에게 그루터가 덕망 있는 성직자들과 많은 평신도들의 존경과 지지를 받고 있다는 메시지를 보냈다. 유트레히트의 주교는 그의 칙령을 철회하지 않았음에도 불구하고, 그루터와 그의 동료들에게 법의 조항을 넘어 해를 끼치는 어떤 일도 하지 않았다. 1383년 10월 21일 학문이 깊은 살바빌라(William Salvarvilla)는 교황에게 편지를 보내어, 그루터가 유트레히트의 주교 관구에서 다시 설교를 할 수 있도록 직접적으로 로마 교황의 허락을 받아야 한다고 제안했다. 그루터와 살바빌라는 신임장과 편지를 동봉해서 버나드(Bernard)의 이름을 가진 사제를 로마에 급파하는 것을 동의하였다.[61]

이 시기에 그루터는 투쟁의 장으로부터 멀리 떠나, 우드리헴(Woudrichem)이라는 작은 도시로 물러나 있었다. 그 해 겨울이 지났으나, 아직 유트레히트 주교로부터도, 교황 우르반 6세로부터도 아무런 답장이 오지 않

---

60) Broekhuysen, “G. Groote and The Brothers of the Common Life”; Hyma, *Brethren of the Common life*, 23.

61) Ibid., 24.

았다.[62]

로마 교황으로부터 설교권을 허락하는 인준이 오래 걸렸을지라도 그루터는 낙심하지 않았다. 한동안 그루터는 설교하는 것을 그만두었다. 그리고 쉬는 기간 동안 양들에게 개인적인 권고를 하면서 만족해했다. 그 후 그루터가 다시 공적으로 설교했다는 명확한 근거는 없다.[63]

6) 말씀과 기도의 영성

그루터가 어떻게 그토록 변화되고 성숙한 하나님의 사람으로 변화되었을까하는 궁금증이 생긴다. 토마스 아 켐피스는 그의 스승인 그루터의 생애를 다룬 새로운 헌신 운동의 창시자(The Founder of the New Devotion)에서 이런 질문을 던지고 있다. “그루터가 기도 생활에서 어떻게 헌신했으며, 얼마나 열정적이었는지 누가 말해 줄 수 있단 말인가?”[64]

그루터는 기도의 사람이었고, 말씀의 사람이었다. 그는 종종 정해진 기도시간에 기도할 때, 그에게 흘러넘치는 하나님의 은혜로 인해서 기쁨의 목소리를 발산하곤 했다. 달콤하게 들려오는 찬양 속에 그는 내면적으로 쏟아져 들어오는 기쁨을 체험했다. 그가 마음으로 부드럽게 노래할 때, 그의 영혼은 불꽃같이 하나님께로 향했다.[65]

매일 아침 그루터는 세상일을 시작하기 전에 먼저 성경을 읽으면서 그의 심령을 새롭게 했다. 그는 새벽 미명을 깨워 먼저 하나님의 말씀을 공부했고, 경건한 묵상을 한 후에 주어진 일들을 감당했다. 그는 시편 기자의 고백을 사랑했다. “주의 말씀을 묵상하기 전에 내 눈이 야경이 깊기 전

62) Ibid.
63) Ibid., 24.
64) Ibid., 30.
65) Ibid., 30-31.

에 깨었나이다."(시119:148)[66)]

그루터는 하나님께 대한 깊은 경외심과 헌신된 마음으로 매일 미사를 드리는 것을 원칙으로 삼았다. 그는 철저하게 먼저 하나님의 나라와 하나님의 의를 구했다. 그가 교회에 들어갔을 때, 그는 서 있지 않았다. 그는 하나님 앞에 겸손한 마음으로 무릎을 꿇었고, 기도하기 위해서 납작 엎드렸다. 그는 교회 안에서 잡담을 하지 않았으며, 하나님을 찬양하는 소리를 들으며 기뻐했다. 그는 기도함으로 하늘 문을 두드렸으며, 누가복음 18장에 나오는 세리처럼 가슴을 치면서, 하나님의 용서와 자비를 구했다. 이렇게 함으로써, 악으로부터, 그를 위협하는 정욕들로부터 자신을 깨끗케 했으며, 하나님 아버지의 돌보심으로 예상되는 악들로부터 보호하심을 받았다.[67)]

그루터는 거룩한 성경을 읽는 것에 대단한 사랑과 애착을 가졌다. 그는 돈이나 보화를 구하는 것보다 현자들의 책들을 수집하는 데에도 지칠 줄 모르는 열정을 갖고 있었다. 영적으로 거듭나서 새사람이 된 그루터는 허례허식을 좋아하지 않았다. 외적인 화려함보다 내면적인 가치와 아름다움을 추구했으며, 그리고 기도와 말씀을 통한 내적인 경건성을 추구했다. 그는 진정으로 하나님을 경외하며 성경의 가르침을 좇아 살았던 신실한 하나님의 사람이었다.

7) 균형 잡힌 신앙

그 열매로 그 나무를 알게 된다는 예수님의 말씀과 같이, 그루터는 그의 생애 가운데 참으로 풍성하고 값진 열매를 많이 맺었다. 물가에 깊이

66) Ibid.
67) Ibid., 32-33.

뿌리를 내린 열매 맺는 나무와 같이, 그는 시절을 좇아 아름답고 향기로운 최고의 열매를 맺어 하나님께 돌려 드렸다.[68]

자비로우신 하나님께서 그루터에게 큰 은혜를 부어주셨다. 그는 하나님의 은혜를 헛되이 받지 않았고, 선한 사역의 열매를 맺는데 그 은혜를 사용하였다. 한 때, 그는 잘못된 길로 갔었고, 어리석은 자들의 친구로 살았지만, 변화된 후에는 모든 사람에게 경건한 삶의 본이 되는 삶을 살았다. 그루터가 지난날 악한 길에서 잘못된 삶을 살았음을 더 깊이 인식할수록, 그는 더욱더 하나님 앞에서 겸손한 자가 되었고, 바른 길을 좇는데 더 열정적이 되었다. 그는 가난한 이웃을 구제하였고, 구원의 말씀을 백성들에게 전파하였다. 영혼의 거룩한 의사와 같이 충성된 마음으로 영혼들을 돌보았으며, 많은 슬픔을 안고 유혹받는 자들에게 신령한 위로자가 되어주었다. 옛 생활을 동경하며 타락하는 자들을 찾아가 많은 권고와 기도로 회복시켰다.[69]

그루터는 회심한 후에, 자신에 대해서 적대감을 가지고 적잖이 해를 끼치고 악을 행하는 자들을 주님의 이름으로 용서해주었다. 그를 중상 모략하는 자들에 맞대응하기보다 오히려 그들을 위해 간절히 중보기도 해 주었다. 그가 상대에 대해서 어떤 잘못을 범했다면, 기꺼이 보상할 준비를 하고 있었다. 하나님의 진리의 말씀을 수호하는데 위협이 되지 않는 사람들이라면 모든 사람들과 언제나 평화롭게 살고자 했다.[70]

그루터는 세상 것들을 멸시했고, 영원하신 하나님을 명상했으며, 하늘을 향하여 자라가는 백향목처럼 그의 영성이 자라갔다. 그 자신의 연약함을

---

68) Ibid., 39.
69) Th. à Kempis, *The Founder of the New Devotion*, 40.
70) Th. à Kempis, *The Founder of the New Devotion*, 40.

앎으로 교만하지 않았고, 겸손의 덕을 추구해갔다. 그는 그렇게 많은 지식을 소유했고, 당대에 유명한 박사들과 함께 굉장한 평판을 받고 있었지만, 그럼에도 불구하고 그는 세상적인 모든 명예와 영광을 멸시했다.[71] 그루터는 하늘의 교리로 충분히 가르침을 받았으며, 그의 덕행은 다른 사람들보다 훨씬 탁월했다. 그랬기 때문에 그는 그를 추종하는 자들에게 세상을 멸시하고, 경건한 교제의 모범을 따르도록 설득할 수 있었다.[72]

그루터는 사람을 기쁘게 하기보다 하나님을 기쁘시게 하고자 최선을 다했다. 토마스 아 켐피스는 그가 어떻게 하나님을 기쁘시게 하고자 힘썼는가를 이렇게 말하고 있다.

> 너를 알고 너에게 속한 모든 것을 훤히 알고 계시는 그분을 기쁘시게 하기 위해서 공부하라. 네가 모든 사람들을 기쁘게 하고 하나님을 슬프시게 한다고 가정해 보라. 그렇다면 너에게 무슨 유익이 있겠는가? 그러므로 피조물로부터 너의 마음을 돌이켜라. 아주 맹렬한 자세로 돌이켜야 하느니라.[73]

그루터는 그의 적들과는 단호하게 싸웠다. 그는 이단자들, 성직을 매매하는 자들, 고리대금업자들, 이기주의자들, 색욕에 종 된 자들, 그리고 그 외 다양한 악의 괴물들과 싸웠다. 이들과 싸우기 위해서 많은 수고를 감당하였고, 성경 말씀으로 무장하였다.[74]

토마스 아 켐피스는 그루터의 이런 고매한 인격과 삶에 감격하여 이런 글을 쓰고 있다.

71) Ibid., 41.
72) Ibid., 43.
73) Ibid., 73.
74) Ibid., 41-42.

> 이 사람을 보시오. 그는 진정한 이스라엘 사람이며, 가장 경건한 설교자이시며, 건전한 교리의 옹호자이시다. 하나님을 그렇게 사랑하며, 그의 이웃을 결코 소홀히 하지 않는 사람이며, 하늘에 속한 것들에 그의 마음을 집중하지만, 다른 사람들의 필요를 간과하지 않는 사람이며, 그 자신의 구원뿐만 아니라, 많은 사람들의 복지(福祉)에 대해서 무관심하지 않으며, 그들을 더욱 완전한 삶으로 이끌기 위해서 온 마음을 쏟는 이 사람을 보라.[75]

또한 그루터는 인간이 탐욕의 종이 될 수 있음을 경계하고 있다. 인간이 탐욕의 종이 될 때, 그로 인한 해악을 경고하고 탐욕으로 인해서 마음의 평정을 잃지 않도록 당부하고 있다.

> 내가 더 가질수록 의심의 여지없이 더 원하게 된다. 더 많은 성직록이나 이익을 소유할수록 나는 더 많이 섬겨야 하는 것이다. 그러나 이것은 더욱더 나를 짓누르게 하며, 영혼의 자유를 누리는 것과는 배치된다. 그런 집착들은 모든 것들에 얽매이게 하며, 짐으로 남아 있게 한다. 그러한 집착은 마음의 평화와 평정을 빼앗아가며 영혼을 병들게 한다.[76]

그루터는 인간이 얼마나 탐욕에 쉽게 굴복하는가를 숱한 경험으로 체득(體得)하게 되었다. 그래서 그의 제자들에게 탐욕을 경계하고 가진 것으로 만족하는 삶을 살도록 권면하고 있다. 그리고 그루터는 순종과 겸손의 가치를 강조하며, 자기 연마에 힘쓰도록 권면했다.

그루터는 늘 즐거운 안색을 띠고 있었다. 그의 말은 친절하였으며, 그의

75) Ibid., 42.

76) G. Groote, "Pursuit of Learning and Advancement". *Devotio Moderna Basic Writings* by Engen, 65에서 인용됨.

마음은 침착했고, 옷차림은 수수했으며, 음식은 절식했으며, 상담할 때는 지혜로웠으며, 판단에는 신중했다. 악에 대해서는 아주 엄격했고, 선에 대해서는 열심을 가졌다. 게으름을 피했으며, 그는 어떤 유익한 것으로 자신을 교화하기 위해서 노력했다. 그는 단순한 삶을 사랑했고, 하늘의 것을 생각하며 겸손함을 추구했다. 그는 그의 설교를 통해서 세상 사람들에게 세상의 일시적인 유익을 추구하지 않고, 영혼의 유익만 생각하도록 했으며, 무엇보다 자신이 좋은 모범을 보였다. 그는 복음을 전파할 때, 교회로부터 돈을 받지 않고 값없이 전파했다. 이렇게 하여, 그루터는 그의 생애가 길지는 않았지만 그의 짧은 생애 가운데 그의 설교를 통해서 풍성한 열매를 맺었다. 그루터는 떠났을지라도, 여러 지역에 그가 충성된 마음으로 돌보았던 경건한 많은 제자들을 남겨두었다.[77]

그루터의 신앙은 참으로 좌로나 우로나 치우침이 없는 균형 잡힌 신앙이었다. 그의 경건한 삶과 말과 행동이 일치된 삶에서 강력한 영적 지도력과 영향력이 발휘될 수 있었다.

8) 위대한 개혁가의 최후

1383년에 그루터는 새로운 일을 시작했다. 그는 성직자들만 교육받는 것으로 충분하지 않다고 말했다. 일반 사람들도 그들 자신을 위해서 읽고 공부하며 스스로 판단할 능력을 구비해야 한다고 생각했다. 그리고 신앙은 모든 남자와 여자에게 인격적이어야 함을 주장했다. 그루터는 "평신도들이 단지 교회에만 참석하는 것으로 자족한다면 이것이 합당하단 말인가? 교회에만 참석한다고 그들의 영적인 질병들이 자연적으로 치료될 수 있단

77) Ibid, 42.

말인가?" 평신도들이 설교를 들을 뿐만 아니라, 자립적으로 성경을 읽고 자기 스스로 생각하는 능력을 길러야 한다고 생각했다. 이것이 가능하도록 그루터는 성경을 부분적이지만 자국어로 번역하기 시작했다. 그리고 찬송가를 자국어로 번역하였다. 동시에 주석과 해설이 있는 번역서들을 제공하기 시작했다.[78)]

우드리헴에서의 타향살이도 끝나가고 있었다. 그루터는 마지막 6개월 동안 데벤터에서 글을 쓰고, 번역하고, 제자들을 권면하면서 의미 있게 보냈다.[79)] 그의 육체에 생명의 마지막 순간이 다가오고 있었다. 데벤터에서 이 마지막 해는 그가 막을 연 위대한 신앙 운동에 가장 중요한 해로 간주될 것이다. 그루터는 지나온 과거를 회고하며, 그의 제자들을 가르치며, 성당학교의 교사들과 학생들에게 자주 대화하는 일에 더 많은 시간을 할애했다. 몇몇 소년들과 젊은이들이 책을 필사하는 일에 동참하였다. 그루터는 기회 있을 때마다 그들에게 신앙적 주제들에 관해서 말했다. 그리고 하나님의 나라를 얻기 위해 최선을 다하도록 권면했다.[80)]

1384년 여름, 역병이 데벤터를 강타했다. 그루터의 친구 람베르트(Lambert Stuerman)가 그 무서운 역병에 걸렸다. 그루터는 그의 사랑스런 친구를 방문하는 것이 자신의 의무라고 느꼈다. 그 친구를 심방하고 위로

---

78) Hyma, *The Brethren of the Common life*, 25-26.

79) Hyma, *The Brethren of the Common life*, 25. 그루터는 죽기 전에 성경을 부분적으로 자국어로 번역을 하였다. 그리고 많은 교회 찬송가들도 네덜란드어로 번역하여 제자들이 쉽게 부를 수 있도록 했었다. 그가 몇 년 더 오래 살았더라면 틀림없이 그는 그 많은 것들을 네덜란드어로 번역하였을 것이다. Hyma, *The Brethren of the Common life*, 74.

80) D. A. Brinkerink, Biographieën (1901), 417. - Th. à Kempis, *Vita Gerard Magni*, Ch. Ⅸ, § 2. - M. Schoengen, *Jacobus Traiecti alias de Voecht narratio*,15, note 1. *The Brethren of the Common life*, 25에서 재인용.

하고 기도해준 후, 자신도 그 역병에 걸려 드러눕고 말았다. 회복의 소망은 보이지 않았다.[81] 그는 설교권이 정지당한 후에 로마 교황 우르반 6세에게 설교권 회복을 위해서 항소를 했었다. 그는 설교권을 다시 회복하여 네덜란드 가운데 영적 각성과 부흥 운동을 계속하고자 하는 열망이 있었다. 마침내 교황은 그루터에게 설교권 재가를 허락하는 칙서를 발송했다. 하지만, 그 칙서가 그루터에게 도착하기도 전에 그는 세상을 떠나고 말았다.[82]

1384년 8월 20일 오후, 슬픈 광경이 데벤터에서 벌어졌다. 데벤터에 있는 한 집에서 많은 사람들이 그루터가 누운 침대 주변에 서 있었다. 그들의 사랑하고 존경했던 스승이 죽어가고 있었던 것이다. 그들은 그루터의 생명이 급격히 시들어 죽기 일보 직전인 것을 보고 몹시 불안해했다. 긴 침묵이 흐른 뒤, 마침내 그루터는 눈을 뜨고 말했다.

> 나의 친구들이여, 두려워하지 마시오. 상심하지도 마시오. 지금의 삶의 양식을 포기해서는 아니 되오. 여러분들의 재산을 보호하기 위해 수도원을 설립할 것을 제안하오. 그곳에서 여러분 중 수도원 생활에 잘 맞는 사람들은 안식처를 찾게 될 것이오. 그리고 평화롭게 그곳에서 자신들의 일을 할 수 있을 것이요. 동시에 그곳은 수도원이 아닌

---

81) Broekhuysen, "G. Groote and The Brothers of the Common Life"

82) 교황의 답장이 그렇게 늦게 온 이유 중의 하나는 그가 로마에서 나폴리(Naples)로 옮겨갔기 때문이다. 윌리암 살바르빌리와 그루터의 보냄을 받았던 버나드(Bernard)가 교황을 알현하게 되었을 때, 그가 가지고 온 추천장과 그가 말한 정직한 이야기는 교황에게 깊은 인상을 주었던 것이다. 당시 교황은 그 위대한 네덜란드 개혁자에게 기독교인의 친교의 손을 기쁨으로 내밀었던 것이다. 불행하게도 그루터는 베나드가 교황의 공식 허가증을 가지고 데벤터로 돌아오기 전에 죽었다. 그 설교 허가증은 열렬한 전도자요 개혁가였던 Groote가 그토록 갖고자 했던 것이었다. J. van Ginneken, 346-348. Hyma, *The Brethren of the Common life*, 24-25에서 재인용.

세상에 머물기를 원하는 사람들을 보호해 줄 것이요." 그때 제자들이 "그러면 우리는 어떤 체제를 따라야 합니까?" 하고 물었다. 그때 그루터는 "어거스틴 수도회를 따르시오. 어거스틴 수도회는 카르투시안(Carthusian)이나 시토 수도회(Cistercian)의 규율만큼 가혹하지 않기 때문이라오.[83)]

그루터는 고통 가운데 자신을 전적으로 하나님의 뜻에 맡기며 하나님께 복종하고자 했다. 그리고 임종을 앞두고 그 주변에 서 있는 형제단들에게 몇 마디 더 당부를 했다.[84)]

보라! 나는 주님의 부름을 받고 있다. 내 죽음의 때가 바로 가까이에 있다. 어거스틴과 버나드가 문 앞에서 노크하고 있다. 나는 하나님께서 나에게 허락하신 생명의 한계를 넘어갈 수 없다. 나도 다른 사람과 같이 육체의 빚을 지불해야 한다. 하나님께서 이후 나의 갈 길을 보호해 주시길, 그리고 나의 영혼이 영혼의 주인이신 그분에게로 돌아가길 바라네. 그분께서 내가 힘쓰며 전파했던 그분의 사랑으로 죽음 후에 평화를 발견하도록 허락해 주시길 원하네.[85)]

그러나 그의 제자들은 큰 슬픔에 휩싸였다. 비통하게 탄식하며 그루터에게 말했다.

우리는 이제 무엇을 할 수 있단 말입니까? 그리고 앞으로는 누가 우리를 가르친단 말입니까? 당신께서는 우리의 아버지였고, 우리의 변호자였으며, 우리를 하나님께로 인도해주신 분입니다. 지금 우리의 대적

---

83) . Busch, *Chronicon Windeshemense*, 263-264. Hyma, *The Brethren of the Common life*, 53에서 재인용

84) Th. à Kempis, *The Founder of the New Devotion*, 46-47.

85) Ibid., 47.

자들은 기뻐할 것입니다. 그리고 그들은 세상에서 우리를 비웃으며 말할 것입니다. "이자들은 자기 지도자를 잃게 되었구먼. 이자들은 머지않아 사라질 것이야." 당신이 살아 계실 때에도 그들이 그렇게 우리를 조롱하고 우리에 대해서 악의적으로 말했을진대, 당신께서 떠나고 나면 그들은 얼마나 더 우리를 못살게 굴겠습니까? 우리가 꿋꿋하게 견딜 수 있도록 우리를 위해 기도해 주소서.[86)]

그때 그루터는 그의 영적 자녀들이 그의 떠남을 인해서 깊은 슬픔에 빠져 있음을 보면서 이런 말로 친절하게 위로해 주었다.

하나님을 믿으라! 나의 사랑하는 자들아! 세상에서 너희를 대적하는 자들을 두려워하지 말라. 너희들의 거룩한 목석 가운데 굳건하게 서라. 왜냐하면 하나님께서 너희들과 함께 할 것이다. 하나님이 작정하신 일을 사람이 결코 무너뜨릴 수 없을 것이다.[87)]

그리고 그루터는 임종하는 그 고통스러운 순간에도 자기가 속한 공동체의 장래를 내다보며 새로운 후계자를 추천하며, 그 후계자를 중심으로 뭉치도록 충고를 하였다. 그루터가 추천한 후계자는 플로렌티우스 래드빈스(Florentius Radewijns, 1350-1400)였다. 그루터는 그의 제자들에게 래드빈스를 이렇게 추천했다.

나의 사랑하는 제자들아! 플로렌티우스 래드빈스를 보라. 그 속에는 거룩한 성령이 내주하고 있다. 그는 너희들에게 아버지요, 지도자가 될 것이다. 내 대신에 그를 지도자로 세우고, 그의 말을 듣고, 그의 조언에 순종하도록 하라. 나는 지금까지 그와 같은 사람을 만나보지 못

86) Ibid.
87) Th. à Kempis, *The Founder of the New Devotion*, 48.

> 했고, 그렇게 존경스러운 사람을 만나지 못했으며, 그토록 확신 있는 사람을 만나보지 못했다. 너희들은 그를 아버지와 같이 사랑하고 존경해야 한다.[88)]

이와 같은 친절한 권면의 말로 그루터는 비통한 슬픔에 빠져 있는 그의 제자들을 위로하였다. 그는 너무나 청빈한 삶을 살았기 때문에 그가 남긴 유산은 거룩한 책들과 몇 벌의 너무나 초라한 옷들뿐이었다.[89)]

1384년 8월 20일, 그는 사랑하는 공동생활 형제단, 자매단들이 지켜보는 가운데 45세를 일기로 소천했다. 그의 시신은 그가 평소에 여러 번 설교를 했던 성 메리 교회(St. Mary's Church) 묘지에 묻혔다.[90)] 그러나 그의 사상과 그의 꿈과 비전은 그와 함께 죽지 않았고 살아 있었다.[91)] 우리는 그의 신앙과 사상과 개혁 정신이 훗날 북유럽 저지 지대에서 일어난 데보치오 모데르나(Devotio Moderna) 운동을 통해서 아름답게 구현되었음을 확인하게 된다.[92)]

2. 공동생활 형제단의 설립

1) 공동생활 형제단의 일반적인 특징

그루터가 자기를 추종하는 제자들을 중심으로 시작하게 된 공동생활 형제단이 어떻게 일상적인 삶을 보냈는지를 알아보자. 그루터는 자신의 제자

---

88) Ibid.
89) Ibid.
90) Broekhuysen, “G. Groote and The Brothers of the Common Life”; Th. à Kempis, *The Founder of the New Devotion*, 49.
91) Hyma, *The Brethren of the Common life*, 26.
92) 홍치모,『종교개혁의 세계』, 32.

들이 철저한 자립의 삶을 살도록 도왔다. 그 당시 탁발 수도사들이 하는 일 없이 여기저기를 떠돌며 구걸하며 민폐를 끼치는 모습에 그루터는 혐오감을 가지고 있었다.[93] 데벤터와 쯔볼레의 형제단들은 손으로 만드는 일을 주로 하면서 자립 생활을 감당했다. 특히 책을 필사하는 일에 많은 시간을 투자했다. 이를 통해서 남의 도움을 받지 않고 철저하게 자립하도록 도왔다.[94]

그루터는 그의 제자들이 고위 성직자들에게 복종을 하도록 했다.[95] 뿐만 아니라 공동생활 형제단의 선배에게도 복종하도록 가르쳤다.[96] 그리고 생활면에서는 단순한 옷을 입고 검소한 삶을 살도록 했으며 정경을 보존했고, 성인들의 가르침을 준수케 했다. 그리고 그들은 기본적인 신앙적 훈련에 있어 열심이었고 아주 모범적인 삶을 살았다. 하나님을 온 마음으로 섬겼으며, 다른 사람을 구원의 길로 인도하고자 힘썼다.[97] 그들이 추구하는 신앙의 궁극적 목표는 예수 그리스도의 삶을 본받는 데 있었다. 예수 그리스도는 공동생활 형제단의 거울이요, 이상이 되었다. 그들은 그리스도의 삶과 거룩한 열정을 본받기 위하여 복음서를 읽었고, 거룩한 성경을 읽었으며, 교부들의 작품을 읽었다.[98] 또한 그들은 사도들과 초대 교회의 삶을 가능한 가까이 본받고자 했다.[99]

---

93) Hyma, *Brethren of the Common life*, 41, 50; Th. à Kempis, *The Founder of the New Devotion*, 45.

94) Hyma, *Renaissance to Reformation*, 133.

95) Broekhuysen, "G. Groote and The Brothers of the Common Life"

96) Hyma, *The Brethren of the Common life*, 65-66.

97) Broekhuysen, "G. Groote and The Brothers of the Common Life"

98) Engen, 25-26.

99) Hyma, *The Brethren of the Common life*, 65-66.

형제단들은 성경 말씀을 암송하고 마음에 되새기기 위해서 라피아리아(Rapiaria)라는 발췌록을 만들어 감동이 되는 성경구절이나 중요한 글귀들을 기록해서 개인이 소지하며 암송하기에 힘썼다.[100] 마음의 순결함을 추구했고, 일상의 삶에서 죄로부터 마음을 정결히 유지하고자 힘썼다. 그리고 다른 사람들이 죄를 극복하도록 적극적으로 권면하며 도와주었다. 더 나아가 겸손, 사랑, 순결, 인내, 순종과 같은 미덕을 쌓고자 힘썼다. 이러한 목표 가운데 그들은 기도, 명상, 독서, 수작업(手作業), 금식 등, 영적 훈련에 집중했다. 그들은 내면적 영성을 고양시킴은 물론이거니와 육체의 노동을 통해서 체력도 보강하며 조화로운 발전을 도모했다.[101]

또한 공동생활 형제단은 평범하고 단순하며 더 경건한 삶을 원했었다. 그들은 세상의 영광이나 부나 명성을 추구하기보다 그리스도의 발자취를 따르고자했다. 상급자에게 겸손히 순종하면서 그에게 부여된 십자가를 지는 삶을 지향(志向)했었다.[102]

공동생활 형제단들은 새벽 3시에서 4시 사이에 일어났다. 늦어도 5시 전에는 일어났다. 아침식사 시간까지 각 형제들은 자유롭게 기도하며, 하나님의 말씀을 읽으며 시간을 보냈다. 6시에는 예배를 드렸다.[103] 식사 시간에는 일체의 대화가 금지되었다. 식사가 끝나면 각자가 맡은 일을 시작했다. 모든 회원들은 매일 미사에 참석해야 했다. 그리고 서로의 잘못에 대해서 권고하며 영적인 교제를 이루어갔다. 이들이 감당한 일 중에서 가장 주목할 만한 것은 성경과 기독교 고전을 필사하는 일이었다. 그들은 필

---

100) Engen, 25-26.

101) Broekhuysen, “G. Groote and The Brothers of the Common Life”

102) Hyma, *The Brethren of the Common life*, 31.

103) Landeem, “Martin Luther and The Devotio Moderna in Herford”, 153.

사하는데 하루 중에 상당한 시간을 소모했다. 저녁 식사 후에는 밤 8시까지 자신들의 방에서 자유로운 시간을 가질 수 있었다. 밤 8시에는 모든 방문 손님들은 그 집을 떠나야만 했다. 밤 8시가 되면 모든 문들은 닫혔고, 30분간 묵상의 시간을 가진 후에 모두가 취침을 해야 했다.[104)]

일요일이나 공휴일에는 성경 중에서 어떤 특정한 본문을 채택하여 읽었고, 그 본문에 대한 강설이 있었다. 이 설명이 있고 난 후에, 그 형제단의 회원들은 자유롭게 그 본문에 대해서 자신들의 의견을 개진(開陳)하며 토론할 수 있었다. 그 토론 시간에 학교의 소년들과 일부의 사람들을 초청하여 참석하게 했다. 특히 네덜란드어로 된 성경을 읽고 이런 토론을 벌이는 것은 상당히 유익했고, 좋은 영향력을 미쳤다. 그들이 필사하여 유포시킨 책들은 상당히 많았다. 그들은 언제나 병자들을 도울 준비가 되어 있었고, 고통받는 자들을 찾아가 위로하였다. 학교의 소년들은 그들이 원하면 기숙사에서 체류할 수 있었고, 비록 기숙사비를 지불할 돈이 없어도 체류하는 것이 가능하였다.[105)]

공동생활의 형제단에 가입을 하는 데는 필요한 절차가 있었다. 첫째 신앙심이 두터워야 했고, 둘째 육신의 건강이 좋아야 했으며, 정신 무장(mental equipment)이 되어 있어야 했다. 셋째는 라틴어를 읽고 글을 쓸 수 있어야 했고, 책읽기를 좋아해야만 했다. 처음에는 두세 달 머무는 것이 허락되었고, 그 후에 10개월이나 일 년 동안 테스트 기간을 늘려서 훈

---

104) J. Derec Holmes · Bernard W. Bickers, *A Short History of the Catholic Church* (London: Burns & Oates, 2002), 124-25; Hyma, *Renaissance to Reformation,* 130; Broekhuysen, "G. Groote and The Brothers of the Common Life"; 홍치모,『종교개혁의 세계』, 56.

105) Broekhuysen, "G. Groote and The Brothers of the Common Life"; Hyma, *Renaissance to Reformation*, 130.

련을 받으며 본인이 형제단에 가입한 후, 능히 적응할 수 있는지 그 여부를 가린 후에 정식으로 결정하였다. 훈련기간 중 아무 사고 없이 맡은 책임을 성실하게 완수해야만 비로소 정식으로 입단할 수 있었다.[106] 입단 후 개인 사정으로 형제단을 떠나야 할 경우 언제든지 떠날 수 있었다. 그러나 일단 떠난 후에는 다시 재입단을 허락하지 않았다. 공동생활의 형제단은 가난, 순결, 순종과 같은 수도원적 서약을 하지 않았음에도 그들은 준수도원(semi-monastic Order)과 같은 특성을 가지고 있었다.[107]

래드빈스(Florentius Radewijns, 1350-1400)가 수도원장으로 재직하는 동안, 형제단들은 신약성경에 기록된 대로 사도들의 삶을 본받고자 성실하게 노력했음을 보여준다. 그들은 검소한 삶을 살았으며, 노동을 중시했고, 헌신적인 수양의 삶을 살고자 힘썼다. 겐트(Ghent)에 있는 공동생활 형제단에서 일찍이 교육을 받았던 출판업자요, 칭송받았던 바디우스(Badius Ascensius)는 다음과 같이 자기 체험담을 이야기했다.

> "우리 모두는 사도들과 초대 교회의 삶을 가능한 한 가까이 본받고자 했다. 그러기 위해서 모든 회중은 한마음을 품어야 했다. 어떤 것도 자신의 것으로 간주해서는 아니 되었다. 어느 누구도 공동체를 벗어나서 영혼의 구제나 교회 성직록, 소유를 목적으로 세속 직업을 가져서는 아니 되었다. 그러나 합당하다고 인정된 수도사는 성직자로 승진될 수도 있었다. 모든 사람은 순결하고 검소하게 살아야 했으며, 제럴드 그루터(Gerard Groote)가 인정한 옷차림으로 옷을 입어야 했다. 어느

106) Broekhuysen, "G. Groote and The Brothers of the Common Life"; 홍치모, 56-57.

107) 홍치모, 56-57; 미국 미시간 대학교의 Hyma 교수는 공동생활 형제단이 준수도원 체제를 갖추고 있었다고 주장했다. Hyma, *The Brethren of the Common life*, 64.

누구도 구걸행각을 해서는 아니 되었다. 빈곤으로 인하여 이러한 지경에 이르지 않기 위해서는, 모두가 게으름을 피하여, 각자의 능력에 따라 책을 필사하거나 아이들을 가르쳐야 했다. 그들은 모두 가장 깊은 경건으로 하나님을 공경하고 예배하는 삶을 살아야 했다. 그들은 마땅한 자비의 마음으로 이웃을 사랑해야 했으며, 구호품으로 가난한 자들을 도와야 했다. 모두는 형제애를 간직해야 했다. 그들은 영적인 선배나 영적인 부모에게 복종해야 했다. 그들은 사도들의 규율에 따라, 공동으로 혹은 개인적으로 벌어들인 모든 수입을 감독자의 발아래 내려놓아야 했다. 만약에 그들이 형제단을 떠나게 된다고 해도 그들은 그것들을 하나라도 가져가서는 아니 되었다."[108]

그리고 공동생활 형제단의 또 다른 특징의 하나는 이들의 필사작업과 자립 생활이었다. 그루터와 그의 친구 켈레(John Cele, 1350-1419)의 모범적인 삶에 고무되어 공동생활 형제단은 교육 사업에 깊이 관여하였다. 1450년 전에는 학교에서 가르쳤던 형제단의 숫자는 그렇게 많지 않았다. 각 형제단 처소에서 그 회원의 대부분은 책을 필사하여 팔므로 생계를 꾸려나갔다.[109] 린드세이(Lindsay) 교수는 그루터가 플레미시(Flemish)의 신비주의자인 루이스브룩의 제자였으며, 루이스브룩과의 오랫동안의 자문을 거친 뒤에 공동생활 형제단을 설립했다고 했다. 그리고 이 단체의 목적은 우량도서를 필사하여 많은 책을 보유하고, 젊은이들에 대한 세심한 훈련을 통해서 민족의 신앙 여건을 개선하는데 역점을 두었다고 했다. 또 이들은

---

108) J. Badius Ascensius, *Vita Thomas Malleoli*, Ch. Ⅸ. 텍스트에 있는 번역은 다음에서 나왔다: Th. à Kempis, *Meditation on the incarnation of Christ*, ed. D. V. Scully, ⅩⅩⅦ-ⅩⅩⅧ. Hyma, *The Brethren of the Common life*, 65-66에서 재인용.

109) Hyma, *Renaissance to Reformation*, 132-33.

책의 필사와 원고의 판매를 통해 자급자족 생활을 했다고 했다. 큰 방에서 여러 사람이 모여 앉아 있고, 한 사람이 원고의 단어들을 천천히 반복적으로 읽어감으로써, 인쇄기술이 발달되기 이전에 가장 빠른 방법으로 책을 대량으로 생산하였다고 했다.[110] 그러나 구텐베르크에 의해서 금속활자가 발명되자 필사본은 인기를 잃어가게 되었다. 1475년 이후에는 형제단들은 새로운 수익원을 개발해야 했다. 그리하여 그 이후에는 적극적으로 교사의 길을 택하게 되었다.[111]

이 형제단의 운동은 15세기 16세기를 통하여 큰 영향력을 발휘했으며, 중세적 마인드를 근대적 마인드로 바꾸는데 결정적인 도움을 주었다.[112]

2) 공동생활 자매단

공동생활 자매단은 그루터가 자기 집을 경건한 자매들에게 양도하면서부터 시작되었다. 1374년 9월 21일 그루터는 몇몇 가난한 여성들에게 자신의 집을 사용할 수 있도록 양도해주었다. 그는 베긴회[113]와 같은 수녀회를 창설한 것이 아니었다. 단지 경건한 여인들이 평화롭게 하나님을 예배하도록 하기 위함이었다. 그곳에는 수도원 서약을 하지 않은 사람들만이

110) Thomas M. Lindsay, *A History of the Reformation*, 이형기 · 차종순 역 『종교개혁사』(I) (서울:대한 예수교 장로회출판국, 1990), 65-66.

111) Hyma, *Renaissance to Reformation*, 132-33.

112) Broekhuysen, “G. Groote and The Brothers of the Common Life”

113) 베긴회(Beguines)는 12세기에 네덜란드에서 창설된 수녀회이다. 공통된 수도 회칙이나 교계제도(敎階制度) 조직을 갖지 않았고, 사유 재산을 자유롭게 소유할 수 있었으며, 결혼을 하면 수도회에서 떠나도록 하였다. 서약을 하지 않았으나 엄격한 생활을 하고 순결을 지켰으며, 육체노동을 강조하였다. 이들은 명상 생활과 함께 병자와 가난한 자를 도와주었다. 베긴회는 오랫동안 이단으로 의심을 받아왔다. 1311년에 비엔나 공의회에서 정죄를 받았다. 베긴회는 프랑스 혁명 때까지 존속하였다. 베긴회는 계속 박해를 받았고, 15세기부터는 단지 자선 기관에 지나지 않았다. 『교회사 대사전』vol. I (서울: 기독지혜사, 1994), 980.

참가할 수 있었다. 그들이 그곳에서 생활하다가 원치 않으면 자유롭게 떠날 수 있었다. 그러나 그곳을 떠난 후에는 재가입은 불가능하게 했다. 이렇게 함으로 일정한 질서와 규율을 잡아갔던 것이다.[114)]

이 자매단의 모든 거주자들은 지역 교회의 구성원으로 남아 있었다. 그들의 옷차림은 그 도시의 다른 여성들의 옷차림과 다를 바 없었다. 이는 그들이 수녀가 아니었기 때문이다. 어떤 사람은 그루터의 집에 살지 않으면서도 그 집단의 일원이 되기도 했다. 처음 그들은 한 명의 집사(matron)를 두었고, 나중에 두 명을 더 늘렸다. 집사들은 가정의 회계책임자가 되었고, 모든 회원들에게 손으로 하는 일들을 분담시키는 권을 가졌다. 회원들은 그 집사들의 명령에 즉각적으로 순종해야 했다. 잘못을 저지른 자들이 발생하면 집사들은 다른 집사들과 상의하여 처벌 수위를 결정하였다. 대부분의 경우 위반자는 공동 저축에서 그녀의 몫을 박탈당하게 했다. 그러나 심각한 위반자들, 예를 들면 절도, 완고함, 남자와의 지나친 친밀함과 같은 경우는 추방되도록 했다. 제한된 숫자의 사람들만 받아들인 처음 몇 년 동안, 두 집사들이 생필품 구입, 규율문제, 자매들의 일상생활에 대한 감독 등과 같은 모든 사무를 처리했으나, 후에는 업무분담이 이루어졌다. 후임자가 임명되었고, 1383년에는 그루터가 요한(John van den Gronde)을 최초의 교구 사제로 임명했다.[115)]

그루터 집에서 시작된 자매 공동체 구성원들은 금주(禁酒)해야 했고, 검소한 옷을 입어야 하며, 남자들과 친밀한 관계를 피해야 하며, 외출도 10마일 내에, 8일 이내로 제한되었다. 어떤 사람도 그 자매단에 들어가기 위해서 자신의 재산을 양도하도록 강요받지 않았고, 그 단체에 들어가서는

114) Hyma, *The Brethren of the Common life*, 49.

115) Ibid., 50.

공동생산과 공동 지출을 해야 했고, 반면에 모든 수입은 공평하게 나누어졌다. 그 모임에서 일할 수 있는 모든 여성은 자신의 일정 노동을 감당해야 했다. 이는 그루터가 어떤 상황에서도 자매들이 구걸하러 다니는 것을 원치 않았기 때문이다. 노동을 함에 있어 특별히 각자의 적성과 재능에 따라 일들이 주어졌다.

자매들은 농업 생산에서도 상당한 전문가들이 되었고, 어떤 자매들은 낙농업도 활발하게 했다. 그리고 자매들 대부분은 바느질, 뜨개질, 방적사업(紡績事業), 그리고 이와 비슷한 여성전문직에서 종사하면서 수익을 올렸다. 그루터는 그 단체가 철저하게 자립하도록 도왔다.[116] 토마스 아 켐피스도 그루터의 설교를 듣고 마음이 뜨거워져 사람들의 숫자가 급격하게 증가하기 시작했으며, 그 설교를 듣고 개종한 소수의 씨앗들이 기초가 되어 순결한 마음으로 하나님을 섬기는 경건한 형제단과 자매단이 생겨나게 되었다고 했다.[117] 여기서 볼 때, 그루터는 공동생활 자매단의 실제적인 창설자였음을 보게 된다. 1500년경에는 100여개의 자매단이 존재했다.[118]

이 공동생활 자매단이 발전해서 최초의 자매 수도원이 세워지게 되었다. 공동생활 자매단에서 세운 수녀원은 디펜빈(Diepenveen) 수녀원이다. 그러나 이 수녀원은 공동생활 자매단과 긴밀한 관계를 유지했다. 나중에 공동생활 형제단에서 설립하게 되는 빈드샤임(Windesheim) 수도원과 디펜빈 수녀원은 14세기 수도원의 이상적 모델이 되었다. 그들에 의해 소개된 수도원 개혁은 북부 유럽 수도원 몰락을 방지하는 버팀목 역할을 감당했다.[119]

---

116) Hyma, *The Brethren of the Common life*, 49-50.

117) Th. Kempis, *The Founder of the New Devotion*, 44.

118) Lane, 141.

3) 공동생활 형제단

공동생활 자매단을 구성하는 동안, 그루터는 공동생활 형제단으로 알려진 더욱 강력한 단체를 준비했다. 그가 아헨 근처의 몬니카이즌에 있는 카르투시안 수도원을 떠난 직후, 많은 독실한 추종자들을 모집하였다.[120)]

성령으로 충만했던 그루터 주위에 그를 추종하는 제자들의 숫자가 날로 증가하게 되었다. 그의 제자들은 거룩한 싸움(Heavenly warfare)을 위한 열망에 불타고 있었다. 이에 그루터는 경건한 사람들이 한 집에서 공동생활을 하며 상호 권면을 하며 서로의 영적인 유익을 도모하는 것에 대해서 고심하게 되었다. 이에 그루터는 어떤 사람이 함께 공동생활하기를 원한다면, 그들은 그들 자신의 손으로 일을 하며 자신들의 생계를 해결하고, 교회의 가르침 아래 공동생활을 영위하면 어떻겠는가 하고 공동생활 형제단의 방향을 설정하게 된다. 그리고 공동생활을 자원하는 자는 명백한 필요성에 의해서 어찌할 수 없는 상황을 제외하고는 어느 누구도 집집을 돌면서 구걸하는 행위는 없어야 함을 분명히 했다.[121)]

1380년에 데보치오 모데르나(Devotio Moderna)[122)]의 주역이 될 한 사

---

119) Broekhuysen, "G. Groote and The Brothers of the Common Life"

120) M. Schoengen, *Die Schule von Zwolle*, 18; J. H. Gerretsen, Flor. Radewijns, 49. Hyma, *Brethren of the Common life*, 51에서 재인용.

121) Th. à Kempis, *The Founder of the New Devotion*, 45.

122) 데보치오 모데르나(Devotio Moderna)는 영어로 'Modern Devotion', 'New Devotion'으로 번역할 수 있다. '오늘날의 헌신' 내지는 '현대의 헌신'을 의미한다. 홍치모,『종교개혁의 세계』(서울: 아가페문화사, 2003), 37; 송인설은 '새로운 헌신'으로 번역하기도 했다. Williston Walker, *A History of the Christian Church*, 송인설 역,『기독교회사』(고양: 크리스챤 다이제스트, 2002), 409. 이 '데보치오 모데르나 운동'이 바로 기독교 르네상스를 상징하는 의미이다. 네덜란드 데벤터라는 작은 도시에서 시작된 이 '새로운 헌신'의 운동은 그 당시 유행했던 정적(靜寂), 명상적, 범신론적 신비주의에 반하여 일으킨 복음적이며, 실천적인 신비주의 운동, 내지는 실천적 경건주의 운동을 말한다. 이 운동이 어떻게 유럽 지성

람이 이 모임에 동참하게 된다. 그 사람이 플로렌티우스 래드빈스(Florentius Radewijns, 1350-1400)였다. 그는 1374년에 프라하(Prague)에서 공부했고, 1378년에 석사학위를 취득하게 된다.[123] 공부를 끝낸 그는 그로인겐(Groingen)에 있는 고향 집으로 갔고, 그곳에서 부모님과 함께 살게 된다. 그는 고향에서 그루터의 명성을 듣게 된다. 래드빈스는 1380년 고향에서 그루터의 명성을 듣고 그의 훌륭한 인격에 매우 감동을 받게 된다. 그 후 모든 면에서 그루터를 본받고자 결심을 하게 된다. 래드빈스는 위대한 결심을 하게 되었다. 유트레히트 교구에서 받고 있었던 성직록을 과감하게 포기하고 그루터와 함께 있고자 데벤터로 돌아왔다. 그리고 그는 데벤터에 있는 성 레빈(St. Lebwin) 교회에서 교구 사제가 되었다.[124]

그리고 래드빈스는 자기가 살고 있는 사제관에서 그루터의 추종자들이 모임을 갖도록 배려하였다. 그루터의 제자들 중 몇몇은 래드빈스와 함께 살았고, 반면에 다른 사람들은 그루터가 여행할 때 함께 동행했다. 래드빈스의 집에서 공동생활은 가장 초창기에 볼 수 있었던 공동생활의 형제단의 시작이었다.[125]

그루터의 제자들은 랜드빈스의 사제관에서 자주 모였다. 그러면 과연 언제부터 이러한 제자들이 공동생활을 시작했던 것일까? 사료들은 그루터

계에 강력한 영향을 미치게 되었고, 또 교육 혁명을 일으키는 주체 세력으로 쓰임 받게 되었는가를 규명하고 종교개혁의 거장들에게 어떤 영향을 미쳤는가를 연구한 논문이 있다. 김명수, “Devotio Moderna 운동과 종교개혁”(신학박사 학위 논문, 국제신학대학원대학교, 2010).

123) M. Schoengen, *Die Schule von Zwolle*, 18 ; J. H. Gerretsen, Flor. Radewijns, 49. Hyma, *Brethren of the Common life*, 51에서 재인용.

124) Th. à Kempis, Vita Florentii, Ch Ⅳ, § Ⅰ; Ch. ?, § 1. Hyma, *Brethren of the Common life*, 51에서 재인용.

125) Hyma, *The Brethren of the Common life*, 22.

가 아헨 근처의 몬니카이즌의 수도원을 떠난 바로 직후에 이셀(Yssel) 계곡을 따라 위치한 도시들[126]에서 설교를 시작했다는 것을 명백히 보여주고 있다. 그의 수많은 추종자들 중에서, 그 스승의 가르침에 충실히 따른 열두 명의 제자가 있었다. 그 중 한 명은 나중에 타락하게 된다. 나머지 11명이 공동생활 형제단의 창립 멤버가 되었음을 보게 된다.[127]

그루터는 제자들에게 한 집에서 공동생활을 하자고 권면하였는데, 거기서 그들은 공동생활을 하면서 함께 일을 했고, 함께 기도하기에 힘썼으며, 서로를 권고했다.[128] 또한 그루터는 몇몇 소년들과 젊은이들에게 책을 필사하도록 하였다. 그루터는 소년들을 그의 집에 자주 초대하였고, 그들과 영적인 대화를 나누곤 했다. 가끔 그들에게 필요한 용돈도 건네주곤 했다. 이렇게 하여 그루터는 젊은 청년들과 교제하면서 자신의 종교적 이상을 펼치기 시작했다.[129]

데벤터에 있는 열 두 제자들은 책을 필사하며 생계를 꾸려나갔다. 그들 중 몇몇은 래드빈스의 교구 사제관에서 생활하였다. 래드빈스가 형제단을 설립하는데 큰 기여를 한 것은 사실이다. 그러나 형제단의 설립자는 그루터이다. 빈드샤임의 수도원장이었던 존 보스(John Vos, 1363-1424)는 1424년 그가 임종의 자리에서 이렇게 묘사를 했다.

> 그루터는 우리의 개혁 운동의 원조였고, 새로운 헌신(Devotio Moderna)의 근원이요, 기원이 되신다. 그분은 사람들의 냉랭한 가슴

126) Yssel 계곡에 있는 도시는 데벤터, 쯔볼레, 캄펜 등이다.

127) Ibid., 51.

128) P. Horn, Vita Gerard Magni, 362. Hyma, *The Brethren of the Common life*, 51-52에서 재인용.

129) Hyma, *The Brethren of the Common life,* 52

130) Fuller, 85.

에 신앙적 열정의 불을 지폈고, 그들을 하나님께로 돌아오게 한, 이 나라의 사도였다.[130]

그루터는 자매 공동체를 먼저 설립했었다. 자매들이 수입을 합치고, 공동 지출을 하도록 규정한 것은 바로 그루터였다. 래드빈스의 집에서 생활하던 형제들이 자매단의 생활과 유사한 생활을 영위하고자 했을 때, 그루터는 자신을 악랄하게 비난한 탁발 수도사들 때문에 주저하기까지 했었다. 나태에 빠진 탁발수도사들은 성경의 가르침을 따라 청빈(淸貧)을 사랑하며, 손수 일을 해서 자립하며 살고 있는 그루터와 그의 추종자들을 눈에 가시처럼 싫어했다. 그러나 그의 주저함은 그렇게 오래가지 않았다. 왜냐하면 탁발 수도사들이 자기들을 악의적으로 비난해도 교회법(Canon Law)이 자기들을 보호해 줄 것을 잘 알고 있었기 때문이다. 그루터는 그들의 장래 생활양식을 제시했고, 매일의 일과표를 만들었고, 영적 훈련에 대한 계획을 세워주었다. 1384년 8월 20일 갑작스러운 죽음만 아니었다면, 그루터는 분명히 더 많은 제도들을 만들었을 것이다. 비록 그의 계획들이 그의 죽음 이후에 구체화되었지만, 진실로 그루터가 공동생활 형제단의 창시자임에 틀림없다.[131]

4) 공동생활 형제단의 개척지부

그루터가 죽은 해, 그에 의해서 시작된 신앙 부흥 운동은 그가 설교했던 곳에서 근거를 마련할 수 있었다.[132] 1391년에 최초의 진정한 공동생

---

131) Broekhuysen, “G. Groote and The Brothers of the Common Life” 옥스퍼드 대학교의 교회사 교수였던 E. F. Jacob도 의심할 바 없이 Gerard Groote가 공동생활 형제단의 창시자라고 말했다. E. F. Jacob, *Essays in the Conciliar Epoch* (Oxford: Manchester University Press, 1963), 122.

활 형제단으로서 "플로렌티우스의 집"을 설립하게 되었다. 첫 교구 사제였던 플로렌티우스 래드빈스(Florentius Radewijns)의 이름을 따서 이렇게 짓게 된 것이었다. 1391년까지 형제 동역자들은 래드빈스의 사제관에 살고 있었다. 매년 그들의 숫자가 증가함에 따라, 결국 그들은 좀 더 안락한 장소로 이사 갈 것을 결정했다. 쯔베데라(Zwedera)라 불리는 루넨(Runen)의 한 독실한 귀족부인이 그들의 곤경을 전해 들었다. 그녀는 자기 소유의 작은 두 건물을 처분하여 폰츠티그(Pontsteeg)에 위치한 한 채의 집과 한 구획의 땅을 제공해 주었다. 폰츠티그에 있는 이 집을 헐어 새로운 건물을 다시 세웠는데, 이것이 바로 "플로렌티우스의 집(House of Florenitius)"이었다. 이리하여 대부분의 형제단들은 사제관에서 "플로렌티우스의 집"으로 그들의 서적과 가구를 가지고 이사를 했다.[133)]

1520년까지 데벤터와 쯔볼레의 공동생활 형제단은 수도원 밖에서 디보치오 모데르나(Devotio Moderna) 운동의 중심지였다. 이 두 공동생활 형제단에서 새로운 형제단들이 개척되어졌고, 새로운 공동생활 형제단들이 이 두 모체(母體)의 직접 혹은 간접적인 후원하에 세워지게 되었다.[134)]

그루터의 후계자들은 계속해서 개척 지구를 늘려갔다. 데벤터와 쯔볼레를 기점으로 해서 델프트, 도에스버그, 쭈트펜, 캄펜, 아멜로, 유트레히트, 암스텔담, 할렘, 라이든으로 그 사역이 확장되어 나갔다. 이 도시와 마을들 중에서 이셀(Yssel) 계곡에 가장 가까운 곳에 위치한 곳만이 그들의 스승인 그루터의 사상을 잘 간직하고 있었다. 다른 지역에서 처음 열정을 잃어가고 있을 때, 데벤터와 쯔볼레에서 처음 신앙적 열정의 불꽃을 간직하면

---

132) Hyma, *The Brethren of the Common life*, 63.

133) G. Dumbar, *Het kerkelyk an wereltlyk Deventer*, Vol. Ⅰ, 603-610. Hyma, *The Brethren of the Common life*, 64-65에서 재인용.

134) Broekhuysen, "G. Groote and The Brothers of the Common Life"

서 디보치오 모데르나(Devotio Moderna) 운동에 있어 주도적인 역할을 감당했다.[135)]

독일에서도 많은 형제단들이 세워지게 되었다. 1400년에 독일 뮌스트(M?nster)에 형제단이 세워지게 되었다.[136)] 퀠른의 형제단은 비에스바덴(Wiesbaden)에 형제단을 세웠다. 그리고 마인츠(Mainz) 가까이에 있는 부츠바흐(Butzbach)에 형제단을 세웠다. 그리고 타우누스(Taunus)에 있는 코인스타인(Konigstein)에 형제단을 세웠고, 모셀러(Moselle)에 있는 울프(Wolf)에도 형제단을 세우게 되었다.그리고 록스톡(Rostock)에도, 마그데부르그(Magdeburg)에도 형제단이 세워졌다. 그리고 카셀(Cassel)과 에메리히(Emmerich)에도 공동생활 형제단이 세워지게 되었다.[137)]

남쪽 저지대 국가들에도 공동생활 형제단들이 많이 존재하게 되었다. 겐트(Ghent), 안트렙(Antwerp), 브루셀(Brussels), 그라몬트(Grammont), 메흘린(Mechlin), 라이제(Liege), 루바인(ouvain),그리고 비녹스베르그(Wynoksberg)에도 형제단들이 세워졌다.[138)]

공동생활 자매단 역시 여러 곳에 자매단을 설립했었다. 특히 이셀(Yssel) 계곡에 많이 세웠다. 데벤터에만 해도 다섯 개의 공동생활 자매단들이 있었다. 그리고 쯔볼레에 여섯 개의 공동생활 자매단들이 있었다. 쭈트펜에 세 개의 자매단이 있었고, 도에스버그, 캄펜, 로켐에 각기 두 개씩 존재했었다. 그리고 유트레히트에 두 개, 아헨, 도에틴헴(Doetinchem), 고히헴(Gorichem) 그리고 그 외 많은 다른 지역에도 각기 한 개씩의 자매단

---

135) Hyma, *The Brethren of the Common life*, 63.

136) Landeen, "The Beginnings of the Devotio Moderna in Germany"(Part I), 179-89.

137) Broekhuysen, "G. Groote and The Brothers of the Common Life"

138) Ibid.

이 존재했었다. 쯔볼레의 공동생활 형제단들이 19개의 자매단들을 관리하고 있었다.[139)]

3. 공동생활 형제단이 종교개혁에 미친 영향

그루터에 의해서 시작된 공동생활 형제단 운동을 통해서 유럽 사회에 교육 혁명이 일어났다. 공동생활 형제단에서 공부한 많은 젊은 인재들이 유럽 지성 사회에 미친 긍정적인 영향은 이루 헤아릴 수 없다. 공동생활 형제단에서 공부했던 많은 인재들이 유수한 대학의 교수들, 총장들로 쓰임을 받았고, 수많은 기독교 인문주의 학자들로 명성을 날렸다. 젤볼트(Gerard Zerbolt, 1367-1398), 토마스 아 켐피스(Thoams a Kempis, 1380-1471), 쿠사의 니콜라스(Nicholas of Cusa, 1401-1464), 베셀 간스포르트(Wessel Gansfort, 1419-1489), 알렉산더 헤기우스(Alexander Hegius, 1433-1498) 루돌푸스 아그리콜라(Rudolphus Agricola, 1444-1485), 가브리엘 비엘(Gabriel Biel, 1410-1495), 요한네스 루흐린(Johannes Reuchlin, 1455-1522), 콘라드 켈티스(Conrad Celtis, 1459-1508), 에라스무스(Desiderius Erasmus, 1466-1536) 등의 사상과 작품들이 마틴 루터의 신앙과 개혁 사상을 형성하고 성숙시키는데 적잖은 영향을 주었다.

특히 베셀 간스포르드의 작품이 루터에게 얼마나 큰 영향을 미쳤는가를 알려주는 루터의 고백이 있다. "만약 내가 베셀 간스포르트의 작품을 더 일찍 읽었더라면, 나의 원수들이 루터가 그의 모든 사상을 베셀 간스포르트로부터 가져왔구나 했을 것이다. 그의 정신은 나의 정신과 그렇게 일치할 수가 없다. 지금 나의 기쁨과 용기는 증가하고 있다. 내가 바른 진리를

139) Ibid.

가르치고 있다는 사실에 대해서 추호의 의심도 갖고 있지 않다. 그가 나와 다른 시대에 살았고, 다른 하늘 아래서, 다른 나라 다른 환경에서 살았을 지라도, 시종일관 나와 모든 면에서 일치하고 있음을 발견했기 때문이다. 그는 실제 내용에서 뿐만 아니라, 단어 사용에 있어서도 나와 거의 유사하다는 사실을 확인하게 되었다."[140]

루터는 1497-1498년 공동생활 형제단이 마그데부르크(Magdeburg)에 설립한 중등학교에서 공부를 했다. 이곳에서 루터는 처음으로 성경을 보았다. 루터는 그곳에서의 경험을 평생 지울 수 없었다. 루터가 종교개혁을 시작했을 때, 공동생활 형제단들은 적극적으로 루터를 지지했고, 발 벗고 나서 루터의종교개혁을 물심양면으로 지원했다. 루터는 공동생활 형제단이 어려움을 당했을 때, 헤르포드 시의회에 직접 편지를 써서 형제단을 성심을 다해 지원했다. 루터는 헤르포드 시의회에 편지하면서 공동생활 형제단들의 활동을 아주 높게 평가한 것을 확인하게 된다. "공동생활 형제단과 자매단들은 복음을 가장 먼저 받아들인 사람들이며, 바른 삶을 살며, 존경할만한 행동을 하며, 잘 정돈된 공동체입니다. 그리고 그들은 진리의 말씀을 가르치며 실천하는 삶을 살고자 힘쓰고 있습니다. 시의원님들께서 공동생활 형제단과 자매단이 이 문제 대해서 불안과 실망을 경험하지 않도록 선처해 주시기를 제가 진정으로 원하는 바입니다. 왜냐하면 공동생활 형제단에서 세운 수도원들과 공동생활 형제단들이 헤아릴 수 없을 정도로 저를 기쁘게 해주었습니다. 저는 하나님께서 세상의 모든 수도원들이 이들과 같이 행하도록 했으면 좋겠다는 소신을 갖고 있습니다."[141]

---

140) M. Luther, *Letter of recommendation for Gansfort's letters*, in: W. Gansfort, Opera, 854; the translation is found in; E. W. Miller and J. W. Scudder, Wessel Gansfort, vol. I, 232. Hyma, *The Christian Renaissance*, 191에서 재인용.

이 모든 사건과 상황들을 미루어 보면 공동생활 형제단을 통해서 일어난 데보치오 모데르나[142] 운동이 루터의 신앙과 사상을 형성하는 데, 적잖은 영향을 미쳤음을 확인하게 된다.

4. 제럴드 그루터를 마무리하며

데보치오 모데르나 운동의 창시자 그루터는 45세라는 짧은 생을 살았다. 하지만, 그가 거듭난 후에는 주와 복음을 위해 자신의 물질과 건강과 열정을 다 쏟아부으며 불꽃같이 헌신하는 삶을 살았다. 그가 진정으로 원했던 것은 평범하고 단순하면서 더 기독교적인 삶이었다. 그는 세상의 영광(榮光)이나 부(富)나 명성(名聲)을 추구하기보다 철저하게 그리스도의 발자취를 따르고자 했다. 그루터는 겸손히 그리스도의 가르침에 순종하며 그에게 부여된 십자가를 지며 그리스도를 본받고 닮아가는 것이 그의 신앙 목표였다. 그루터는 심오한 학자나 위대한 사상가는 아니었다. 그는 단지 죄인들의 회심에 깊은 관심과 열정을 쏟았으며 자신이 그리스도의 삶을 본받을 뿐만 아니라, 그의 제자들이 그리스도를 닮은 조화롭고 성숙한 인격과 내적인 경건과 영성을 추구하게 했다. 그리고 각지를 돌며 복음을 전파했고 하나님 나라의 확장을 위해서 진력을 다했다.

그루터는 14세기 신비주의자 루이스브룩의 영향을 받았지만, 단순히 그를 모방하는 것으로 끝나지 않았다. 오히려 그는 민중들 가운데서 같이 애환을 나누며 복음 안에서 교제하는 삶을 살았고, 더 나아가 그리스도의 삶

---

141) Weimar Edition, 루터의 왕복서간집 IV, 254-55. Landeem, "Martin Luther and The Devotio Moderna in Herford", 154-55에서 재인용.

142) 데보치오 모데르나(Devotio Moderna)는 영어로 'Modern Devotion', 'New Devotion'으로 번역할 수 있다. '오늘날의 헌신' 내지는 '현대의 헌신'을 의미한다.

을 본받으며 성화에 힘쓴 실천적 경건주의자로 살았다. 더 나아가 젊은 청년들을 모집하여 성경을 가르치며 제자양성에 힘썼다.[143] 그는 진정한 기독교인이 되기를 원했다. 그가 회심한 후에 일생을 통해서 예수님을 배우고 닮은 참 제자가 되길 소원했던 그 열망이 데보치오 모데르나 운동, 즉 기독교 르네상스[144]를 일으켰다.[145]

그루터가 일으킨 데보치오 모데르나 운동이 마틴 루터의 종교개혁에 불

143) Gerard Groote, "Letter〔62〕 On Patience and the Imitation of Christ", *Devotio Moderna Basic Writings* by Engen, 87-88. 에서 인용됨.

144) 기독교 르네상스는 이탈리아에서 시작된 세속적이고 인본적인 르네상스와 대조적인 의미로 불린 이름이다. 이 말은 미국 미시간 대학교 역사 신학 교수였던 알버트 하이마(Albert Hyma) 교수가 처음으로 사용했다. 그는 1924년 "기독교 르네상스: 데보치오 모데르나 역사"(The Christian Renaissance: A History of the Devotio Moderna)라는 논문을 발표함으로써 세계의 주목을 받게 되었다. 당시까지는 종교개혁과 문예부흥의 역사적 관련성에 초점을 두고 연구한 결과 그때까지 수납설(Reception theory)이 정설로 대세를 이루고 있었다. 즉 이탈리아에서 발생한 문예부흥 운동이 결정적으로 북유럽 문예부흥 운동의 기원이 되었다는 견해였다. 그러나 이 학설에 대해 문제제기를 하면서 새로운 관점에서 북유럽의 문예부흥을 연구하고 새로운 견해를 제시했던 사람이 알버트 하이마 교수였다. 하이마 교수는 고전적인 수납설을 비판하고 수정설(Revisionist theory)을 제기하였던 것이다. 하이마 교수는 독일 종교 개혁운동의 정신적 배경과 그 원류를 북구 문예부흥운동에서 찾았다. 그리고 그는 종교 개혁 시대를 지배하고 있던 기독교인문주의(Christian Humanism)의 발전 과정을 역사적 사료에 기초해서 역사적으로 전개시키며 마틴 루터의 종교 개혁과 연관성을 추적했다. 그 과정에서 14세기 네덜란드 데벤터에서 발생한 공동생활 형제단의 신앙과 활동에서 기독교 르네상스의 그 기원과 특성을 찾아냈다. 그리고 공동생활 형제단의 창설자인 그루터의 사상과 가르침이 북구 기독교 르네상스의 원류(源流)가 됨을 규명하였다. 하이마 교수는 북구 문예부흥 운동과 종교개혁 운동을 유기적으로 연관시키는데 공헌을 하였다. 뿐만 아니라, 하이마 교수의 연구는 20세기에 데보치오 모데르나 운동을 새롭게 조망하게 하였고, 새로운 관점에서 16세기 종교개혁을 이해하도록 큰 기여를 했다. Hyma, *The Brethren of the Common Life* (Grand Rapids: Eerdmans, 1950); A. Hyma, *Renaissance to Reformation* (Grand Rapids: Eerdmans, 1951); Hyma, *The Christian Renaissance* (Hamden: Archon Books, 1965)를 참조하라.

145) Hyma, *The Brethren of the Common life*, 31-32,

씨 역할을 했다. 정식 사제가 아닌, 집사로서 여러 지역과 도시를 돌면서 하나님의 말씀을 전파하며 설교함으로 루터의 만인사제설의 이상을 앞서 실천하였다. 그의 신앙과 사상에 감화를 받은 많은 기독교 인문주의자들이 출현했다. 그루터의 핵심적 사상과 교훈이 토마스 아 켐피스를 통하여 집약되었고, 그의 노력으로 유명한 기독교의 고전인 『그리스도를 본받아』가 출간되었다.

개혁의 선봉에 서서 종교개혁의 횃불을 높이 치켜든 루터 한 사람의 신앙적 자각과 결단도 높이 평가되어야 하지만, 그에 못지않게 그의 종교개혁 사상 형성에 직 · 간접적으로 영향을 준 데보치오 모데르나 운동의 사상적 감화를 우리는 결코 과소평가할 수 없다.

그루터가 창설한 공동생활 형제단과 그곳에서 파생된 빈드샤임 수도원에서 주창한 데보치오 모데르나 운동을 통해서 종교개혁의 분위기와 영적 환경이 조성되어 갔다. 이 토양에서 중세의 스콜라주의의 고착된 형식주의를 타파하고, 개혁 정신을 고취(鼓吹)시킨 걸출한 기독교 사상가와 인문주의자들이 출현하게 되었다. 그 중에 토마스 아 켐피스, 베셀 간스포르트, 아그리콜라, 가브리엘 비엘, 에라스무스가 있다. 이들의 작품과 사상은 종교개혁 운동에 직·간접적으로 적잖은 영향을 미쳤다. 뿐만 아니라, 데보치오 모데르나 운동을 통해서 위대한 종교개혁의 거장들이 출현할 수 있는 영적 환경이 조성되었다. 마틴 루터와 쯔빙글리 그리고 존 칼빈도 공동생활 형제단의 영향을 직 · 간접적으로 받았다. 위대한 종교개혁의 거장들이 출현하여 종교개혁을 완성하기까지 그 사상의 맥을 형성했던 그 근저(根抵)에 제럴드 그루터와 데보치오 모데르나 운동, 즉 기독교 르네상스가 있었다.

그루터의 말씀에 기초한 경건한 삶과 교회개혁 사상은 오늘날 한국과 세계 교회가 나아가야 할 건설적인 대안을 제시하고 있다. 첫째, 성직자가 먼저 회개하고 본을 보이는 삶을 살아야 한다는 것이다. 그루터는 본인이 방탕한 삶에서 돌이킨 후에, 회개에 합당한 삶을 살았다. 그리고 당시 성직자들의 부정과 비리와 그들의 악함과 범죄행위를 통렬하게 비판했고, 그들이 나태와 방종과 부도덕함에서 벗어나 선한 목자의 삶을 살도록 권면했다. 둘째, 모든 성도는 말씀에 기초한 경건한 삶을 살아야 한다는 것이다. 그루터는 본인이 먼저 성경 말씀을 사모했으며, 그 말씀에 순종하는 삶을 살고자 힘썼다. 죄악에서 맹렬한 자세로 돌이켜서 성화에 힘쓰며 삶과 신앙이 일치하는 경건한 삶을 살고자 최선을 다했다. 뿐만 아니라, 그의 제자들도 언행일치의 삶을 살도록 가르쳤다. 셋째, 말씀 전파에 힘썼다. 그루터는 지역을 순회하면서 백성들에게 구원의 말씀을 전파하기에 힘썼다. 영혼 구령의 열정으로 원수들의 위협에도 흔들리지 않고 복음을 전파하기 위해서 최선을 다했다. 넷째, 균형 잡힌 신앙이다.

그는 하나님을 온 마음으로 사랑했을 뿐만 아니라, 이웃을 결코 소홀히 하지 않은 사람이었다. 하늘에 속한 것들에 그의 마음을 집중하지만 다른 사람의 필요를 간과하지 않는 삶을 살았다. 다섯째, 청소년 사역이다. 그루터는 청년들을 그 시대의 미래 자원으로 내다보았고, 청년사역을 통해서 교회개혁을 이루고자 시도했다. 그루터는 청소년 교육에 지대한 관심을 갖고 성경 말씀에 기초한 경건 훈련과 적절한 교육 시스템으로 그 시대를 책임질 지도자들을 양성하고자 했다. 특히, 그루터의 제자인 존 켈레와 알렉산더 헤기우스는 그루터의 교육 이상을 실현한 인물들이다. 이들은 청년들을 교육함에 있어 복음서에 기초한 신앙 훈련과 진보적인 교육 체계와 학습 원리로 청년 교육을 주도했으며, 유럽의 지성계와 교육계에 크나큰 기여를 하게 되었다. 그들의 지도와 가르침을 받고 신앙과 지성을 겸비한 위대한 기독교 사상가들이 탄생하게 되었다. 존 켈레와 헤기우스의 교육 사역은 그루터가 가진 청소년 사역의 이상을 실현한 위대한 업적이었다.[146)]

교회는 하나님이 세우신 제도이지만 죄성을 가진 사람들로 구성되어 있는 공동체이다. 그렇기 때문에 이 지상의 교회는 완전하지 못하다. 교회는 사람으로 인해서 부패하고 변질될 가능성에 노출되어 있다. 그러므로 종교개혁자들의 개혁 정신을 늘 새롭게 하며, 하나님의 말씀의 빛 아래서 부단한 자기반성과 말씀에 기초한 개혁과 쇄신을 시도해 나가야 한다. 한국과 세계의 기독교가 너무나 세속화되었고 경건의 능력을 상실했음을 목도하고 있다. 이런 시대 상황에서 한국과 세계 교회에 다시 한 번 신앙의 각성과 영적 갱신이 필요함을 절감한다. 이 나라와 세계 교회 가운데 하나님을 진정으로 경외하며, 하나님께 기쁨과 감동을 안겨드리는 21세기의 새로운 신앙 운동이 일어나게 되길 간절히 소망한다.

---

146) 김명수, 『기독교 르네상스와 루터의 종교개혁"』 (서울: 그리심, 2015) 책을 참조하기 바람.

VI. 참고 문헌

Bruce, F. F. *History of the Bible in English*. New York: Oxford Press, 1978.

Cammack, Melvin Macye. *John Wyclif and the English Bible*. New York: American Tract Society, 1938.

Cairns, Earle E. *Christianity through the Centuries*. Zondervan Publishing House: Academic Books, 1981.

David G, John Wycliffe, *The Dawn of the Reformation*. Southampton: Mayflower Christian, 1984.

Dickens, *The English Reformation*. New York: Schoken Books, 1964.

Eadie, John. *History of the English Bible*. I. London: Macmillan, 1876.

Eisenstein, Elizabeth. *The Printing Press as an Agent of Change*. Vol. II. New York: Cambridge University Press, 1979.

Engen, John Van. *Devotio Moderna Basic Writings*. New York: Paulist Press, 1988.

Estep, William R. *Renaissance and Reformation*. Grand Rapids: Eerdmans, 1992.

Farr, William. *John Wyclif As Legal Reformer*. Leiden: E. J. Brill, 1974.

Fountain, David G. John Wycliffe, *The Dawn of the Reformation*. Southampton: Mayflower Christian, 1984.

Fuller, Ross. *The Brotherhood of the Common Life and Its Influence*. New York: State University of New York Press, 1955.

Groote, Gerard. "A Sermon Addressed to the Laity" Trans. Engen, John Van. New York: Paulist Press, 1988.

__________. "Noteworthy Sayings of Master Greet" Trans. Engen, John Van. New York: Paulist Press, 1988.

__________. "Letter〔62〕On Patience and the Imitation of Christ" Trans. Engen, John Van. New York: Paulist Press, 1988.

__________. "Pursuit of Learning and Advancement" Trans. Engen, John Van. New York: Paulist Press, 1988.

__________. "A Philosophical Treatment of Perception in Meditation"

Trans. Engen, John Van. New York: Paulist Press, 1988.
__________. "Sacred Books to Study" Trans. Engen, John Van. New York: Paulist Press, 1988.
__________. "Letter 29" Trans. Engen, John Van. New York: Paulist Press, 1988.
Hoare, H. W. *Our English Bible: The Story of Its Origin and Growth*. New York: Dutton, 1925.
Kempis, Thomas à. *The Founder of the New Devotion*, trans. J. P. Arthur. London: Kegan Paul, Trench, Trubner & Co., Ltd., 1905.
______________. *The Imitation of Christ*. Peabody: Hendrickson, 2004.

Gamble, Richard C. *Calvin's Opponents*. New York: Garland, 1992.
Gonzalez, Justo L. *The Early Church to the Dawn of the Reformation*. Vol. I (New York: HarperCollins, 1984), 358.
Gonzalez, Justo L. *The Story of Christianity*. Vol. II, New York: Harper Collins, 1985.
Green, Samuel G. *A Handbook of Church History: from the Apostolic Era to the Dawn of the Reformation*. London: The Religious Tract Society, 1904.
Hagen, Kenneth. *Augustine, the Harvest,* and Theology(1300-1650). Leiden: E.J. Brill, 1990.
Hyma, Albert. *The Brethren of the Common Life*. Grand Rapids: Eerdmans, 1950.
__________. *Renaissance to Reformation*. Grand Rapids: Eerdmans, 1951.
__________. *New Light on Martin Luther*. Grand Rapids: Eerdmans, 1958.
__________. *The Christian Renaissance*. Hamden: Archon Books, 1965.
__________. *The Youth of Erasmus*. New York: Russell & Russell, 1968.
Kenny, Anthony. *Wyclif in his Times*. Oxford: Clarendon Press, 1986.
Kettlewell, S. *Thomas à Kempis and The Brothers of Common Life*. New York: G. P. Putnam's Sons, 1882.
Landeen, William M. *Gabriel Biel and the Devotio Moderna in Germany*. Washington: The State College of Washington Press, 1960.

__________. *"The Beginnings of the Devotio Moderna in Germany", Research Studies of the State College of Washington* Vol. XIX, Washington: The State College of Washington Press, (September 1951)

__________. *"Martin Luther and The Devotio Moderna in Herford", The Dawn of Modern Civilization*. Ann Arbor: Ann Arbor Publishers, 1962. 156-161.

Lindberg, Carter. *The European Reformations*. Oxford: Blackwell Publishing, 2006.

Lindsay, Thomas M. *The Reformation*. Edinburgh: Versa Press, 2006.

Mcgrath, Alister E. *The Intellectual Origins of the European Reformation*. Oxford: Blackwell Publishing, 2004.

Oberman, Heiko Augustinus. *Masters of the Reformation*. Cambridge: Cambridge University Press, 1981.

______________. *The Harvest of Medieval Theology*. Durham: The Labyrinth Press, 1983.

Ozment, Steven E. *The Age of Reform 1250-1550*. New Haven: Yale University Press, 1981.

Post, R. R. *The Modern Devotion*. Leiden: E.J. Brill, 1968.

Poole, Reginald Lane. *Wycliffe and Movements for Reform*. New York: Anson D. Randolph & Company, 1978.

Sheldon, Henry C. *History of Christian Church*. Ⅱ. New York: Harper & Brothers, 1886.

Schaff, Philip. *History of the Christian Church*, vol. 4 Peabody: Hendrickson Publishers, 2011.

__________. *History of the Christian Churc*h, vol. 6. Peabody: Hendrickson Publishers, 2011.

__________. *History of the Christian Church*. vol. 7. Peabody: Hendrickson Publishers, 2011.

__________. *History of the Christian Church*. vol. 8. Peabody: Hendrickson Publishers, 2011.

Schaff, David S. *John Huss-His Life, Teachings and Death*. New York: Charles Scribner's Sons, 1915.

Sheldon, Henry C. *History of Christian Church*. Vol. Ⅱ. New York: Harper & Brothers, 1886.

Simms, Paris Marion. *The Bible from the Beginning*. New York: Macmillam Co., 1929.

Smith, Preserved. *The Age of the Reformation*. New York: Henry Holt and Company, 1995.

Spitz, Lewis W. *The Religious Renaissance of the German Humanists*. Cambridge: Harvard University Press, 1963.

Spinka, Matthew, Ed. *Advocates of Reform: From Wycliffe to Erasmus*, Library of Christian Classics. Vol. 14. Philadelphia: Westminster Press, 1953.

Spinka, Matthew, Ed. *John Hus' Concept of the Church*. Princeton: Princeton University Press, 1966.

Walker, Williston. *A History of The Christian Church*. New York: Charles Scribner's Sons, 1918.

Breed, William P. *Presbyterianism*. Philadelphia: Presbyterian Board of Publication and Sabbath School Work, 1872.

Walt, B. J. Van Der. *Anatomy of Reformation*. South Africa: Potchefstroom University for CHE, 1991.

Workman, Herbert B. *The Dawn of the Reformation*. Vol. I. London: AMS Press, 1978.

Workman, Herbert B. *John Wycliff: A Study of the English Medieval Church*. Vol. Ⅱ. Oxford: Clarendon Press, 1926.

Brown, Harold O. J. *Heresy and Orthodoxy in the History of the Church*. 라은성 역. 『교회사 안에 나타난 이단과 정통』. 서울: 도서출판 그리심, 2002.

Cannon, William R. *History of Christianity in the Middle Ages*. 서영일 역. 『중세 교회사』. 서울: 기독교문서 선교회, 2002.

Cairns, Earle E. *Christianity Through the Centuries*. 김기달 역. 『서양 기독교사』. 서울: 보이스사, 1990.

Chadwick, Owen. *The Reformation*. 서요한 역. 『종교 개혁사』. 서울: 크리스챤 다이제스트, 1999.

Estep, William R. *Renaissance and Reformation*. 라은성 역. 『르네상스와 종교개혁』 서울: 그리심, 2002.

Heer, Friedrich. *The Medieval World*. 김기찬 역. 『중세의 세계』. 고양: 크리스챤 다이제스트, 2002.

Heinze, Rudolph W. *The Monarch History of The Church*. 원종천 역. 『개혁과 투쟁』. 서울: 도서출판 그리심, 2010.

Jones, Tutur. 김재영 역. 『기독교 개혁사』. 서울: 나침판사, 1990.

Lane, Anthony N. S. *A Concise History of Christian Thought*, 김응국 역. 『기독교 사상사』. 서울: 도서출판 나침반사, 1991.

Lindsay, Thomas M. *A History of the Reformation*. 이형기 · 차종순 역. 『종교 개혁사 Ⅰ』. 서울: 한국 장로교출판사, 1993.

McGrath, Alister E. *Reformation Thought An Introduction*. 박종숙 역. 『종교 개혁 사상 입문』. 서울: 성광문화사, 1992.

Michael Bauman & Martin l. Klauber. *Historians and Christian Tradition*. 라은성 역. 『전통을 지켜온 기독교 역사가들』. 서울: 이레서원, 2002.

Ozmment, Steven. *The Age of Reform*(1250-1550). 손두환 · 강정진 역. 『개혁의 시대』. 서울: 도서출판 칼빈서적, 1998.

Schaeffer, Francis A. *How should we then live?*. 박형용 역. 『그러면 우리는 어떻게 살 것인가?』. 서울: 생명의 말씀사, 1984.

Schaff, Philip. *History of the Christian Church*, Vol. 5. 이길상 역. 『교회사전집 5』. 고양: 크리스챤다이제스트, 2004.

Spitz, Lewis W. *The Reformation*. 서영일 역. 『종교개혁사』. 서울:기독교문서선교회, 1997.

Spykman, Gordon J. *Reformational Theology*. 류호준 · 심재승 역. 『개혁주의 신학』. 서울: 기독교문서 선교회, 2002.

Perkins, William. *A Golden Chain*. 김지훈 옮김. 『황금 사슬』. 용인시: 킹덤북스, 2016.

Walker, Williston. A History of the Christian Church. Edinburgh: T. & T. Clark Ltd., 1986. 송인설 역. 『기독교회사』. 고양: 크리스챤 다이제스트, 2002.

Weigle, Luther A. *The English New Testament from Tyndale to the Revised Standard Version*. 유성덕 · 유영용 역. 『영어 성경사』. 서울: 총신대출판부, 1994.

김익원. 『사상 속의 사상』. 서울: 성광문화사, 1987.

______. 『기독교회사』. 서울: 성광문화사, 1983.

김재성. 『나의 심장을 드리나이다』. 용인시: 킹덤북스, 2012.

홍치모. 『개혁 신학의 광맥』. 용인시: 킹덤북스, 2016.

이동섭. 『영국의 종교개혁』. 서울: 수서원, 1990.

이상규. 『교회개혁사』. 서울: 성광문화사, 1997.

김홍기. 『종교 개혁사』. 서울: 지와 사랑, 2004.

김해연. 『기독교 종교개혁사』. 서울: 도서출판 은성, 1994.

라은성. 『정통과 이단』. 서울: 도서출판 그리심, 2006.

류기종.『기독교와 동양사상』. 서울: 황소와 소나무, 2003.
서요한.『중세교회사』. 서울: 도서출판 그리심, 2003.
오덕교.『종교개혁사』. 수원: 합동신학대학원출판사, 2007.
_____.『장로교회사』. 수원: 합신대학원출판부, 2014.
이상규.『교회개혁사』. 서울: 성광문화사, 1997.
이형기.『전통과 개혁』. 서울: 대한예수교 장로회 총회출판국, 1990.
_____.『종교개혁 신학사상』. 서울: 장로회신학대학교 출판부, 1995.
최덕성.『종교개혁의 전야』. 서울: 본문과 현장사이, 2003.
홍치모.『종교개혁의 세계』. 서울: 도서출판 아가페문화사, 2003.
_____. .『종교 개혁사』. 서울: 성광문화사, 1996.
_____.『北歐 르네상스와 宗敎改革』. 서울: 성광문화사, 1984.
_____. "내가 사사하는 세계 석학".『월간 목회』. (2009년 5월): 81-85.
김명수. "존 위클리프의 성경적 신학 연구". 신학석사 학위논문. 국제신학대학원 대학교, 2003.
홍치모. "Devotio Moderna 운동과 종교개혁". 신학박사 학위논문. 국제신학대학원 대학교, 2009.
문상철. "요한 위클리프의 개혁 사상". 신학석사 학위논문, 아세아연합신학대학교, 1994.
박영배. "성서 번역의 역사와 위클리프 성서".『어문학 』18. (국민대 어문학연구소, 1999): 129-62.
임영천. "개혁의 선구자 존 위클리프".『월간 목회』.
『교회사 대사전』Vol. Ⅱ. 서울: 기독지혜사, 1994.

Encyclopedia Britannica Dictionary. Vol. 11, 1988.
Encyclopedia Britannica Dictionary. Vol. XII, 1988.
The Columbia Encyclopedia, 2001
John Tauler, http://blog.daum.net/paulchae/12361510
The Cambridge History of English and American Literature. Vol. Ⅱ. Available from http://www. bartleby.com/212/0207.html:
Cloud. David W. "John Wycliffe and The First English Bible". Availablefrom http://www.wayoflife.org/articles/johnwycliffe.html:
Mrs Margaret Shand. "John Wycliffe". Available from http://wholesome words.org/biography/biorpwycliffe.html:
W https://en.wikipedia.org/wiki/Waldensians